Gătit Rapid cu Microunde
Rețete Delicioase în Câteva Minute

Elena Microwavă

Conţinut

Roast beef și legume

Server 4

30 ml/2 linguri de unt sau margarină, la temperatura bucătăriei

1 ceapa mare, rasa

3 morcovi, feliați subțiri

75 g de ciuperci, feliate subțiri

450 g/1 lb friptură de muschi, tăiată în cuburi mici

1 cub de supa de vita

15 ml/1 lingură făină simplă (universală).

300 ml/½ pt/1¼ cană apă fierbinte sau supă de vită

Piper negru proaspăt măcinat

5 ml/1 lingurita de sare

Puneți untul sau margarina într-o tavă de copt cu diametrul de 20 cm/8 (cuptor olandez). Odată topit, dezghețați timp de 45 de secunde. Adăugați legumele și friptura și amestecați bine. Gatiti descoperit timp de 3 minute. Zdrobiți cubul de fasole în el, apoi amestecați făina și apa caldă sau bulionul, apoi neteziți-l peste marginea vasului pentru a forma un cerc, lăsând o mică gaură în centru. Se presară cu piper. Acoperiți cu folie (folie de plastic) și tăiați de două ori pentru a elibera aburul. Gătiți complet timp de 9 minute, întorcându-le o dată. Se lasa 5 minute, se adauga sare si se serveste.

Fleică

Server 4

450 g/1 lb friptură primă, tăiată în cuburi mici
15 ml/1 lingură făină simplă (universală).
Pachet de caserolă de legume congelate nedezghețate de 250 g/9 oz
300 ml/½ buc./1¼ cană apă clocotită
1 cub de supa de vita
Piper proaspăt măcinat
2,5-5 ml/½-1 linguriță sare

Puneți friptura într-un vas rezistent la cuptor cu diametrul de 23 cm/9 (cuptor olandez), nu prea adânc. Se presară cu făină și se amestecă bine pentru a acoperi. Întindeți lejer într-un singur strat. Tăiați legumele bucăți și aranjați-le în jurul cărnii. Acoperiți cu folie (folie de plastic) și tăiați de două ori pentru a elibera aburul. Gătiți complet timp de 15 minute, întorcând oala de patru ori. Turnați apa peste carne, zdrobiți cubul de bulion în ea. Se condimentează cu piper și se amestecă bine. Acoperiți ca înainte, apoi gătiți complet timp de 10 minute, întorcând oala de trei ori. Se lasa 5 minute, apoi se amesteca, se condimenteaza cu sare si se serveste.

Server 4

450 g/1 lb cartofi

2 morcovi

1 ceapă mare

450 g/1 lb friptură primă, tăiată în cuburi mici

1 cub de supa de vita

150 ml/¼ pt/2/3 cană supă fierbinte de vită sau de legume

30 ml/2 linguri de unt sau margarină

Tăiați cartofii, morcovul și ceapa în felii subțiri și transparente. Tăiați rondelele de ceapă. Ungeți bine un vas de 1,75 litri/3 pt/7½ cani. Umpleți cu straturi alternate de legume și carne, începând și terminând cu cartofi. Acoperiți cu folie (folie de plastic) și tăiați de două ori pentru a elibera aburul. Gătiți complet timp de 15 minute, întorcând oala de trei ori. Adăugați cubul de supă în bulionul fierbinte și amestecați până se dizolvă. Turnați cu grijă pe marginea oalei pentru a turna peste carne și legume. Pune deasupra un strat de unt sau margarina. Acoperiți ca înainte și gătiți complet timp de 15 minute, întorcând oala de trei ori. Se lasa 5 minute. Dacă este necesar, coaceți-l sub un grătar încins (broiler).

Carne de vită curry

4-5

Versiune anglicizată a unui curry mediu fierbinte. Se serveşte cu orez basmati şi iaurt natural sambal (garnitură), castraveţi feliaţi, coriandru proaspăt tocat (coriandru) şi chutney.

450g/1lb carne macră de vită, tăiată în cuburi mici

2 cepe, tocate

2 catei de usturoi, macinati

15 ml/1 lingura ulei de floarea soarelui sau de porumb

30 ml/2 linguri pudră de curry fierbinte

30 ml/2 linguri pasta de tomate (paste)

15 ml/1 lingură făină simplă (universală).

4 păstăi de cardamom verde

15 ml/1 lingura garam masala

450 ml/¾ pt/2 căni apă fierbinte

5 ml/1 lingurita de sare

Puneţi carnea într-un singur strat într-un vas adânc de 25 cm/10 diametru. Acoperiţi cu o farfurie şi gătiţi timp de 15 minute, amestecând de două ori. Între timp, prăjiţi ceapa şi usturoiul în ulei într-o tigaie (oală) la foc mediu până se rumenesc deschis. Se amestecă praful de curry, pasta de roşii, făina, păstăile de cardamom şi garam masala, apoi se amestecă treptat apa fierbinte şi se fierbe, amestecând, până când amestecul fierbe şi se îngroaşă. Scoateţi vasul cu carne din cuptorul cu microunde şi amestecaţi conţinutul tigaii. Acoperiţi cu folie de aluminiu (film de plastic) şi tăiaţi de două ori pentru a lăsa aburul să iasă. Gătiţi 10 minute complet, întorcând oala de două ori. Lăsaţi să stea 5 minute înainte de servire.

Tată de bază

Server 4

450 g/1 lb/4 cesti carne de vita macrata
1 ceapă, rasă
30 ml/2 linguri de făină simplă (universală).
450 ml/¾ pt/2 căni apă fierbinte
1 cub de supa de vita
5 ml/1 lingurita de sare

Puneţi carnea într-un vas adânc de 20 cm/8 diametru. Amestecaţi bine ceapa şi făina cu o furculiţă. Gatiti descoperit timp de 5 minute. Rupeţi carnea cu o furculiţă. Adăugaţi apa şi zdrobiţi cubul de bulion. Se amestecă bine pentru a se combina. Acoperiţi cu folie (folie de plastic) şi tăiaţi de două ori pentru a elibera aburul. Gătiţi complet timp de 15 minute, întorcând oala de patru ori. Se lasa 4 minute. Se condimentează cu sare şi se amestecă înainte de servire.

Server 4

1 porție de umplutură de bază
675 g/1½ lb cartofi proaspăt gătiți
30 ml/2 linguri de unt sau margarină
60-90 ml/4-6 linguri lapte caldut

Răciți Basic Mince la călduț și puneți-l într-o tavă unsă cu 1 litru/1¾ pt/4¼ cană. Piureați cartofii cu unt sau margarină și suficient lapte pentru a face un aluat ușor și aerisit. Răziți-o peste amestecul de carne sau întindeți-o uniform și frecați cu o furculiță. Se încălzește, neacoperit, timp de 3 minute. Alternativ, prăjiți-l sub un grătar fierbinte (broiler).

Plăcintă cu brânză

Server 4

Preparat ca pentru Cottage Pie, dar cremă cu unt și lapte cald, adăugați 50-75g de brânză cheddar rasă la cartofi.

Se toacă cu ovăz

Server 4

Faceți-o ca tocația de bază, dar adăugați 1 morcov ras la ceapă. Înlocuiți făina cu 25 g/1 oz/½ cană făină de ovăz. Gatiti 7 minute prima data.

Chili con carne

4-5

450 g/1 lb/4 cesti carne de vita macrata
1 ceapă, rasă
2 catei de usturoi, macinati
5-20 ml/1-4 linguri de condimente chili
400 g/14 oz/1 cutie mare de roșii tocate
5 ml/1 linguriță sos Worcestershire
400 g/14 oz/1 conserve mare de fasole roșie, scursă
5 ml/1 lingurita de sare
Se serveste cu cartofi sau cu orez fiert

Pune carnea de vită într-o tavă de copt de 23 cm/9 (cuptor olandez). Amestecați ceapa și usturoiul împreună cu o furculiță. Gatiti descoperit timp de 5 minute. Rupeți carnea cu o furculiță. Adăugați toate celelalte ingrediente, cu excepția sarii. Acoperiți cu folie (folie de plastic) și tăiați de două ori pentru a elibera aburul. Gătiți complet timp de 15 minute, întorcând oala de trei ori. Se lasa 4 minute. Asezonați cu sare înainte de a servi cu cartofi sau orez fiert.

Sos de curry

Server 4

2 cepe, ras

2 catei de usturoi, macinati

450 g/1 lb/4 cesti carne de vita macrata

15 ml/1 lingură făină simplă (universală).

5-10 ml/1-2 linguri pudră de curry blândă

30 ml/2 linguri chutney de fructe

60 ml/4 linguri pasta de tomate (paste)

300 ml/½ buc./1¼ cană apă clocotită

1 cub de supa de vita

Sare și piper negru proaspăt măcinat

Zdrobiți ceapa, usturoiul și carnea de vită. Se întinde într-o tavă de copt cu diametrul de 20 cm/8 (cuptor olandez). Modelați marginea oalei într-un cerc, lăsând o mică gaură în centru. Puneți o farfurie peste el și gătiți timp de 5 minute. Rupeți cu o furculiță. Adaugati faina, curry, chutney si pasta de rosii. Se amestecă treptat apa, apoi se zdrobește cubul de bulion. Acoperiți cu folie (folie de plastic) și tăiați de două ori pentru a elibera aburul. Gătiți complet timp de 15 minute, întorcând oala de trei ori. Se lasa 4 minute. Gustați, amestecați și serviți.

Fleică

Porți 6

40 g/1½ oz/3 linguri de unt, margarină sau untură

675 g/1½ lb friptură, tăiată în cuburi mici

2 cepe mari, ras

1 ardei verde mediu, fără seminţe şi tocat

2 catei de usturoi, macinati

4 roşii, albite, decojite şi tocate

45 ml/3 linguri pasta de tomate (paste)

15 ml/1 lingură boia de ardei

5 ml/1 linguriţă chimen

5 ml/1 lingurita de sare

300 ml/½ buc./1¼ cană apă clocotită

150 ml/¼ pt/2/3 cană smântână

Puneţi grăsimea într-o cratiţă de 1,75 litri/3 pt/7½ cană. Dezgheţaţi, descoperit, umplut timp de 1 minut. Se amestecă carnea, ceapa, ardeiul şi usturoiul, se acoperă cu folie (folie de plastic) şi se taie de două ori pentru a elibera aburul. Gătiţi complet timp de 15 minute, întorcând oala de patru ori. Acoperiţi şi amestecaţi cu roşii, pasta de tomate, boia de ardei şi chimen. Acoperiţi ca înainte şi gătiţi timp de 15 minute, întorcând oala de patru ori. Se sare si se amesteca usor cu apa clocotita, se toarna in farfurii adanci si se imbraca generos fiecare cu crema.

Carne de vită cu cartofi fierţi

Porţi 6

Pregăteşte-l ca gulaşul de vită, dar omite smântâna şi adaugă 2-3 cartofi întregi fierţi la fiecare porţie.

Porți 6

425 g/15 oz/1 cutie mare de fasole de unt

275 g/10 oz/1 conserve supă de roșii

30 ml/2 linguri de ceapă uscată

6 felii de friptură la abur, aprox. 125 g fiecare, bătută

Sare și piper negru proaspăt măcinat

Pune fasolea, supa și ceapa într-o tavă de copt de 20 cm/8 (cuptor olandez). Acoperiți cu o farfurie și gătiți timp de 6 minute, amestecând de trei ori. Aranjați fripturile pe marginea vasului. Acoperiți cu folie (folie de plastic) și tăiați de două ori pentru a elibera aburul. Gătiți complet timp de 17 minute, întorcând oala de trei ori. Se lasa 5 minute. Acoperiți și gustați înainte de servire.

Plăcintă de vită și roșii

2-3

275 g/10 oz/2½ căni carne de vită măcinată

30 ml/2 linguri de făină simplă (universală).

1 ou

5 ml/1 linguriță praf de ceapă

150 ml/¼ pt/2/3 cană suc de roșii

5 ml/1 linguriță sos de soia

5 ml/1 lingurita oregano uscat

Gatiti pastele pentru a le servi

Ungeți ușor o formă ovală de tort de 900 ml/1½ pt/3¾ cană. Se amestecă carnea de vită cu toate celelalte ingrediente și se întinde uniform în oală. Acoperiți cu folie (folie de plastic) și tăiați de două ori pentru a elibera aburul. Gătiți complet timp de 7 minute, întorcând tigaia de două ori. Se lasa 5 minute. Se taie in doua-trei bucati si se serveste calde cu paste.

Kebab de vită și ciuperci

Server 4

24 de frunze de dafin proaspete sau uscate

½ ardei gras rosu, taiat in patrate mici

½ ardei gras verde, tăiat în pătrate mici

750 g/1½ lb friptură la grătar, tăiată și tăiată în cuburi de 2,5 cm

175 g ciuperci

50 g/2 oz/¼ cană unt sau margarină, la temperatura camerei

5 ml/1 lingurita boia de ardei

5 ml/1 linguriță sos Worcestershire

1 cățel de usturoi, presat

175 g/6 oz/1½ cană orez, fiert

Dacă folosiți foi de dafin uscate, puneți într-un recipient mic, adăugați 90 ml/6 linguri de apă și acoperiți cu o farfurie. Se încălzeşte complet timp de 2 minute pentru a se înmuia. Puneți pătratele de ardei într-un bol și acoperiți cu apă. Acoperiți cu o farfurie și încălziți timp de 1 minut pentru a se înmoaie. Strecurați ardeiul și foaia de dafin. Aşezați carnea de vită, ciupercile, ardeii tăiați felii și foile de dafin pe douăsprezece frigărui de 10 cm/4. Aşezați kebab-urile pe roți ca extratereştrii într-un castron adânc cu diametrul de 25 cm/10. Puneți untul sau margarina, boia de ardei, sosul Worcestershire și usturoiul într-o cratiță mică și încălziți, neacoperit, timp de 1 minut. Acoperiți kebab-urile. Gatiti descoperit timp de 8 minute, intorcând tigaia de patru ori. Întoarceți cu grijă kebab-ul și ungeți cu amestecul de unt. Fierbeți încă 4 minute complet, întorcând tigaia de două ori. Se aseaza pe un pat de orez si se toarna peste el sucul din oala. Permite trei kebab de persoană.

Miel umplut

Server 4

*Iată o mică abordare din Orientul Mijlociu. Mielul se serveşte cu pita
caldă şi o salată verde presărată cu măsline şi capere.*

4 file de ceafă de miel, aprox. 15 cm lungime şi 675 g/½ lb fiecare

3 felii mari de paine alba crosta, taiate cubulete

1 ceapă, tăiată în 6 cuburi

45 ml/3 linguri nuci de pin prajite

30 ml/2 linguri de coacăze

2,5 ml/½ linguriță de sare

150 g/5 oz/2/3 cană iaurt grecesc gros

Scorțișoară măcinată

8 ciuperci

15 ml/1 lingură ulei de măsline

Tăiați grăsimea de la miel. Faceți o fante pe toată lungimea fiecărei bucăți, având grijă să nu tăiați direct carnea. Zdrobiți crutoanele și bucățile de ceapă într-un robot de bucătărie sau blender. Răzuiți într-un castron și amestecați nucile de pin, coacăzele și sarea, întindeți uniform între bucățile de miel și fixați cu bețișoare de cocktail (scobitori). Aranjați în formă pătrată într-un vas adânc cu diametrul de 25 cm/10. Se intinde tot iaurtul peste si se presara usor cu scortisoara. Presarati ciupercile la intamplare si ungeti subtire cu ulei. Acoperiți cu folie (folie de plastic) și tăiați de două ori pentru a elibera aburul. Gătiți complet timp de 16 minute, întorcând oala de patru ori. Se lasa sa stea 5 minute si apoi se serveste.

Am fost la un kebab de miel

Porți 6

900g/2lb ceafă de miel, tunsă
12 frunze mari de mentă

60 ml/4 linguri iaurt natural gros

60 ml/4 linguri sos de rosii (catsup)

1 cățel de usturoi, presat

5 ml/1 linguriță sos Worcestershire

6 pâine pita, caldă

Frunze de salata verde, rosii si felii de castraveti

Tăiați carnea în cuburi de 2,5 cm/1. Așezați alternativ șase frigărui de lemn în jurul frunzelor de mentă. Aranjați ca extratereștrii pe o roată într-un vas adânc de 25 cm/10 diametru. Amestecați bine iaurtul, ketchup-ul, usturoiul și sosul Worcestershire, apoi întindeți jumătate din amestec peste kebab. Gătiți neacoperit timp de 8 minute, întorcând tigaia de două ori. Întoarceți kebab-ul și ungeți-l cu sosul de grătar rămas. Fierbeți încă 8 minute complet, întorcând tigaia de două ori. Se lasa 5 minute. Pâinea pita se încălzește scurt sub grătar (broiler) până se umflă, apoi se taie marginea lungă pentru a forma un buzunar. Scoateți carnea din frigărui și aruncați foile de dafin. Înveliți mielul în pita și apoi adăugați puțin din salată.

Kebab clasic de miel

Porți 6

900g/2lb ceafă de miel, tunsă

12 frunze mari de mentă

30 ml/2 linguri de unt sau margarină

5 ml/1 lingurita de sare de usturoi

5 ml/1 linguriță sos Worcestershire

5 ml/1 linguriță sos de soia

2,5 ml/½ linguriță boia de ardei

6 pâine pita, caldă

Frunze de salata verde, rosii si felii de castraveti

Tăiați carnea în cuburi de 2,5 cm/1. Așezați alternativ șase frigărui de lemn în jurul frunzelor de mentă. Aranjați ca extratereștrii pe o roată într-un vas adânc de 25 cm/10 diametru. Topiți untul sau margarina la Full timp de 1 minut, apoi adăugați sarea de usturoi, sosul Worcestershire, sosul de soia și boia și amestecați bine. Întindeți jumătate din amestec pe kebab. Gătiți neacoperit timp de 8 minute, întorcând tigaia de două ori. Întoarceți kebab-ul și ungeți-l cu sosul de grătar rămas. Fierbeți încă 8 minute complet, întorcând tigaia de două ori. Se lasa 5 minute. Pâinea pita se încălzește scurt sub grătar (broiler) până se umflă, apoi se taie marginea lungă pentru a forma un buzunar. Scoateți carnea din frigărui și aruncați foile de dafin. Înveliți mielul în pita și apoi adăugați puțin din salată.

Miel din Orientul Mijlociu cu fructe

4-6

Acest fel de mâncare de miel delicat condimentat și fructat emană o eleganță discretă, îmbunătățită de o acoperire ornata cu nuci de pin prăjite și migdale. Serviți cu iaurt și orez uns.

675 g/1½ lb miel dezosat, de preferință slab

5 ml/1 lingurita de scortisoara macinata

2,5 ml/½ linguriță cuişoare măcinate

30 ml/2 linguri zahăr brun moale

1 ceapa, tocata

30 ml/2 linguri suc de lamaie

10 ml/2 linguriţe de făină de porumb (amidon de porumb)

15 ml/1 lingura de apa rece

7,5-10 ml/1½-2 linguriţe de sare

400 g/14 oz/1 felie mare de piersici în suc simplu sau de mere, scurs

30 ml/2 linguri nuci de pin prajite

30 ml/2 linguri fulgi de migdale

Tăiați mielul în cuburi mici. Puneți într-o caserolă de 1,75 litri/3 pt/7½ cani (cuptor olandez). Se amestecă condimentele, zahărul, ceapa şi sucul de lămâie şi se adaugă în oală. Acoperiţi cu o farfurie şi gătiți timp de 5 minute, apoi lăsaţi să stea 5 minute. Repetaţi de trei ori, amestecând bine de fiecare dată. Se amestecă făina de porumb şi apa într-o masă netedă. Scurgeți lichidul din miel şi apoi adăugaţi amestecul de mălai şi sare. Se toarnă peste miel şi se amestecă bine. Gatiti descoperit timp de 2 minute. Se amestecă feliile de piersici şi se gătesc, neacoperit, încă 1,5 minute. Se presară cu nuci de pin şi migdale şi se serveşte.

Tocană irlandeză simulată

Server 4

675 g/1½ lb cubuleţe de miel

2 cepe mari, tocate grosier

450 g/1 lb cartofi, tăiați cubulețe

300 ml/½ buc./1¼ cană apă clocotită

5 ml/1 lingurita de sare

45 ml/3 linguri patrunjel tocat

Îndepărtați excesul de grăsime din miel. Puneți carnea și legumele într-un singur strat într-un vas adânc de 25 cm/10 diametru. Acoperiți cu folie (folie de plastic) și tăiați de două ori pentru a elibera aburul. Gatiti 15 minute, invartind oala de doua ori. Se amestecă apa și sarea, se toarnă peste carne și legume, se amestecă bine. Acoperiți ca înainte și gătiți complet timp de 20 de minute, întorcând oala de trei ori. Lăsați timp de 10 minute. Acoperiți și stropiți cu pătrunjel înainte de servire.

Soția fermierului Lambahryggur

Server 4

3 cartofi fierti la rece, feliati subtiri

3 morcovi fierti la rece feliati subtiri

4 cotlete slabe de miel, 150g/5oz fiecare

1 ceapa mica, rasa

1 mar clocotit (tarta), curatat si ras

30 ml/2 linguri suc de mere

Sare și piper negru proaspăt măcinat

15 ml/1 lingura de unt sau margarina

Puneți feliile de cartofi și morcov într-un singur strat pe fundul unui vas adânc de 20 cm/8 diametru. Puneți feliile deasupra. Presărați ceapa și mărul și apoi turnați peste zeama. Asezonați după gust și stropiți cu unt sau fulgi de margarină. Acoperiți cu folie (folie de plastic) și tăiați de două ori pentru a elibera aburul. Gatiti 15 minute, invartind oala de doua ori. Lăsați să stea 5 minute înainte de servire.

tocană de miel

Server 4

675 g/1½ lb cartofi, feliați foarte subțiri

2 cepe, feliate foarte subțiri

3 morcovi, feliați foarte subțiri

2 tulpini mari de telina, taiate in diagonala fasii subtiri

8 cele mai bune cotlete de miel, aprox. 1 kg/2 lbs în total

1 cub de supa de vita

300 ml/½ buc./1¼ cană apă clocotită

5 ml/1 lingurita de sare

25 ml/1½ linguriță unt topit sau margarină

Puneți jumătate din legumele pregătite într-o caserolă de 2,25 litri/4 pt/10 căni (cuptor olandez) ușor unsă. Asezam feliile deasupra si punem deasupra restul de legume. Acoperiți cu folie (folie de plastic) și tăiați de două ori pentru a elibera aburul. Gătiți complet timp de 15 minute, întorcând oala de trei ori. Scoateți din cuptorul cu microunde și acoperiți. Zdrobiți cubul de supă în apă și adăugați sare. Turnați cu grijă pe părțile laterale ale tigaii. Stropiți deasupra unt sau margarină. Acoperiți ca înainte și gătiți complet timp de 15 minute. Lăsați să stea 6 minute înainte de servire.

Paine de miel cu menta si rozmarin

Server 4

450 g/1 lb/4 căni de miel măcinat (măcinat).

1 cățel de usturoi, presat

2,5 ml/½ linguriță rozmarin zdrobit uscat

2,5 ml/½ linguriță de mentă uscată

30 ml/2 linguri de făină simplă (universală).

2 ouă mari, bătute

2,5 ml/½ linguriță de sare

5 ml/1 linguriță sos de masă maro

Nucșoară rasă

Ungeți ușor o formă ovală de tort de 900 ml/1½ pt/3¾ cană. Se amestecă toate ingredientele cu excepția nucșoarei și se întinde uniform în bol. Acoperiți cu folie (folie de plastic) și tăiați de două ori pentru a elibera aburul. Gătiți complet timp de 8 minute, întorcând tigaia de două ori. Se lasa 4 minute, apoi se acopera si se presara cu nucsoara. Tăiați în bucăți pentru a servi.

Friptură de miel cu roșii

Porți 6

Fă-o ca caserola cu pui cu roșii, dar înlocuiește mielul dezosat și tocat gros cu puiul.

Miel Biryani

4-6

5 cardamomi

30 ml/2 linguri ulei de floarea soarelui

450 g/1 lb file de miel tăiat, tăiat în cuburi mici

2 catei de usturoi, macinati

20 ml/4 lingurite garam masala

225 g/8 oz/1¼ cani de orez cu bob lung uşor fiert

600 ml/1 pct/2½ căni bulion fierbinte de pui

10 ml/2 linguriţe de sare

125 g/4 oz/1 cană migdale fulgi (tăiate felii), prăjite

Tăiaţi păstăile de cardamom în jumătate pentru a îndepărta seminţele, apoi zdrobiţi seminţele cu un mojar şi un pistil. Încinge uleiul într-o

tavă de 1,5 litri/3 pt/7½ cani (cuptor olandez) timp de 1,5 minute.
Adăugați mielul, usturoiul, semințele de cardamom și garam masala.
Se amestecă bine și se aranjează de-a lungul marginii vasului, lăsând o
mică gaură în centru. Acoperiți cu folie (folie de plastic) și tăiați de
două ori pentru a elibera aburul. Se fierbe complet timp de 10 minute.
Acoperiți și amestecați cu orez, bulion și sare, acoperiți ca înainte și
gătiți timp de 15 minute. Se lasa sa stea 3 minute, apoi se toarna pe
farfurii incinse si se presara fiecare portie cu migdale.

Biriyani ornat

4-6

Se prepară la fel ca biryani de miel, dar se așează biryani pe o farfurie
și se ornează cu ouă fierte tari tăiate, felii de roșii, frunze de coriandru
și ceapă tocată prăjită (prăjită).

Musaca

6-8

Ai nevoie de răbdare pentru a găti acest clasic grecesc cu miel, dar rezultatele merită efortul. Feliile de vinete poșate (vinete) îl fac mai puțin bogat și mai ușor de digerat decât unele versiuni.

Pentru straturile de vinete:

675 g vinete

75 ml/5 linguri apă fierbinte

5 ml/1 lingurita de sare

15 ml/1 lingură suc proaspăt de lămâie

Pentru straturile de carne:

40 g/1½ oz/3 linguri de unt, margarină sau ulei de măsline

2 cepe, tocate

1 cățel de usturoi, presat

350 g/12 oz/3 căni de miel gătit la rece (măcinat).

125 g/4 oz/2 căni de pesmet alb proaspăt

Sare și piper negru proaspăt măcinat

4 roșii, cu coajă albă, decojite și feliate

Pentru sos:

425 ml/¾ pct/mic 2 cesti lapte integral

40 g/1½ oz/3 linguri unt sau margarină

45 ml/3 linguri făină simplă (universală).

75 g/3 oz/¾ cană brânză cheddar, mărunțită

1 galbenus de ou

Moussaka cu cartofi

6-8

Fă-o ca musaca, dar înlocuiește vinetele cu cartofi fierți felii.

Mousaka rapidă

3-4

O alternativă rapidă, cu un gust şi o textură satisfăcătoare.

1 vinete (vinete), aprox. 225 g/8 oz

15 ml/1 lingura de apa rece

300 ml/½ buc./1¼ cană lapte rece

300 ml/½ buc./1¼ cană apă

1 pachet de piure de cartofi instant pentru a servi 4

225 g/8 oz/2 căni de miel tocat (măcinat) gătit la rece

5 ml/1 lingurita de maghiran uscat

5 ml/1 lingurita de sare

2 catei de usturoi, macinati

3 roşii, cu coaja albă, decojite şi feliate

150 ml/¼ pt/2/3 cană iaurt grecesc gros

1 ou

Sare şi piper negru proaspăt măcinat

50 g/2 oz/½ cană brânză cheddar, rasă

Tăiați vârful și coada vinetei în jumătate pe lungime. Puneți-le într-un vas puțin adânc, tăiați părțile laterale de deasupra și acoperiți-le cu apă rece. Acoperiți cu folie (folie de plastic) și tăiați de două ori pentru a elibera aburul. Gatiti 5½-6 minute pana se inmoaie. Se lasa sa stea 2 minute, apoi se strecoara. Turnați laptele și apa într-un castron, apoi adăugați cartofii uscați și gătiți acoperit pe o farfurie timp de 6 minute. Amestecați bine, apoi amestecați mielul, maghiranul, sarea și usturoiul. Tăiați vinetele necurățate în felii. Puneți feliile de vinete și amestecul de cartofi alternativ într-o caserolă unsă de 2,25 litri/4 pt/10 cani (cuptor olandez), folosind jumătate din feliile de roșii pentru a forma o „umplutură de sandwich” în centru. Acoperiți cu feliile de roșii rămase. Se amestecă iaurtul și oul până devine spumos, gust. Se toarnă peste roșii și se stropește cu brânză. Acoperiți cu folie ca înainte. Gatiti complet timp de 7 minute. Acoperiți și coaceți sub un grătar încins (broiler) înainte de servire.

carne de miel

Server 4

Fă-o ca un tocat de bază, dar înlocuiește carnea de vită cu miel măcinat.

Plăcinta ciobanului

Server 4

Fă-o ca tocată de bază, dar înlocuieşte mielul cu carne de vită. Se răceşte până la călduţ, apoi se transferă într-o tavă unsă cu 1 litru/1¾ pt/4½ cană. Acoperiţi cu 750 g/1½ lb piure fierbinte de cartofi cu 15-30 ml/1-2 linguri unt sau margarină şi 60 ml/4 linguri lapte fierbinte. Se condimentează bine cu sare şi piper negru proaspăt măcinat. Se intinde pe amestecul de carne si apoi se aplatizeaza cu o furculita. Se încălzeşte neacoperit timp de 2-3 minute sau se prăjeşte sub un grătar încins (broiler).

Ficat de ţară în vin roşu

Server 4

25 g/1 oz/2 linguri unt sau margarină

2 cepe, ras

450 g/1 lb ficat de miel, tăiat în fâşii subţiri

15 ml/1 lingură făină simplă (universală).

300 ml/½ buc./1¼ cană vin roşu

15 ml/1 lingură zahăr brun închis, moale

1 cub de supa de vita, zdrobita

30 ml/2 linguri patrunjel tocat

Sare şi piper negru proaspăt măcinat

Cartofi fierti in unt si varza tocata usor fiarta, de servit

Puneţi untul sau margarina într-un vas adânc de 25 cm/10 diametru. Dezgheţaţi, descoperit, timp de 2 minute. Se amestecă ceapa şi ficatul, se transferă pe o farfurie şi se fierbe timp de 5 minute. Se amestecă toate celelalte ingrediente, cu excepţia sării şi piperului. Acoperiţi cu o

41

farfurie și gătiți timp de 6 minute, amestecând de două ori. Se lasa 3 minute. Se condimenteaza dupa gust si se serveste cu cartofi fierti cu unt si varza.

Ficat și slănină

4-6

2 cepe, ras

8 felii de bacon, tocate grosier

450g/1lb ficat de miel, tăiat cubulețe mici

45 ml/3 linguri faina de porumb (amidon de porumb)

60 ml/4 linguri apă rece

150 ml/¼ pt/2/3 cană apă clocotită

Sare și piper negru proaspăt măcinat

Pune ceapa și baconul într-o caserolă de 1,75 litri/3 pt/7½ cani (cuptor olandez). Gatiti descoperit timp de 7 minute, amestecand de doua ori. Se amestecă ficatul, se acoperă și se fierbe timp de 8 minute, amestecând de trei ori. Se amestecă făina de porumb cu apa rece într-o masă netedă. Se amestecă ficatul și ceapa, se aduce treptat apa la fiert, apoi se acoperă cu o farfurie și se fierbe timp de 6 minute, amestecând de trei ori. Se lasa 4 minute. Gustați și serviți.

4-6

Pregătiți la fel ca ficatul și baconul, dar înlocuiți 1 măr de mâncare decojit și ras (desert) cu una dintre ceapă. Jumătate din apa clocotită se înlocuiește cu suc de mere la temperatura camerei.

Rinichi în vin roşu cu ţuică

Server 4

6 rinichi paralizaţi

30 ml/2 linguri de unt sau margarină

1 ceapa, tocata marunt

30 ml/2 linguri de făină simplă (universală).

150 ml/¼ pt/2/3 cană vin roşu sec

2 chifteluţe de vită

50g/2oz ciuperci, feliate

10 ml/2 lingurite pasta de tomate (paste)

2,5 ml/½ linguriţă boia de ardei

2,5 ml/½ linguriţă pudră de muştar

30 ml/2 linguri patrunjel tocat

30 ml/2 linguri de coniac

Curăţaţi şi înjumătăţiţi rinichii, apoi tăiaţi seminţele şi aruncaţi-le cu un cuţit ascuţit. Tăiaţi foarte subţire. Topiţi jumătate din unt descoperit în dezgheţator timp de 1 minut. Se amestecă rinichii şi se lasă deoparte. Puneţi restul de unt şi ceapa într-o cratiţă de 1,5 litri/2½ pt/6 cani. Gatiti descoperit timp de 2 minute, amestecand o data. Se amestecă făina şi apoi vinul. Gatiti descoperit timp de 3 minute, amestecand rapid in fiecare minut. Zdrobiţi cuburile de bulion şi apoi amestecaţi ciupercile, pasta de roşii, ardeii, muştarul şi rinichii cu untul sau margarina. Amestecaţi bine. Acoperiţi cu folie (folie de plastic) şi tăiaţi de două ori pentru a elibera aburul. Gătiţi complet timp de 5 minute, întorcându-le o dată. Se lasa 3 minute, apoi se acopera si se presara patrunjel. Se încălzeşte coniacul într-o cană timp de 10-15 secunde. Se toarnă peste amestecul de rinichi şi se dă focul.

Fripturi de vânat cu ciuperci de stridii și brânză albastră

Server 4

Sare și piper negru proaspăt măcinat
8 fripturi mici de căprioară
5 ml/1 lingurita ienupar, zdrobit
5 ml/1 linguriță Ierburi de Provence
30 ml/2 linguri ulei de măsline
300 ml/½ buc./1¼ cană vin roșu uscat
60 ml/4 linguri de supa bogat de vita
60 ml/4 linguri de gin
1 ceapa, tocata
225 g ciuperci boletus, tăiate și feliate
250 ml/8 fl oz/1 cană smântână obișnuită (ușoară).
30 ml/2 linguri jeleu de coacăze (conservat pur)
60 ml/4 linguri brânză albastră, mărunțită
30 ml/2 linguri patrunjel tocat

Se condimentează carnea de căprioară după gust, apoi se adaugă boabele de ienupăr și ierburile de Provence, apoi se încălzește uleiul într-o tigaie la Full timp de 2 minute. Adăugați fripturile și gătiți neacoperit timp de 3 minute, întorcându-le o dată. Adăugați vin, bulion, gin, ceapă, ciuperci, smântână și jeleu de coacăze. Acoperiți cu

folie (folie de plastic) şi tăiaţi de două ori pentru a elibera aburul.
Gătiţi la foc mediu timp de 25 de minute, întorcând oala de patru ori.
Se amestecă brânza, apoi se acoperă cu un vas termorezistent şi se
fierbe timp de 2 minute. Se lasa 3 minute, apoi se acopera si se
serveste garnisita cu patrunjel.

.

Faceţi un aluat mic

Urmaţi instrucţiunile pentru gătirea pastelor mari, dar gătiţi doar 4-5
minute. Se lasă acoperit 3 minute, apoi se strecoară şi se serveşte.

Salată chinezească de tăiţei şi ciuperci cu nuci

Porţi 6

30 ml/2 linguri ulei de susan

175 g ciuperci, tăiate felii

250 g/9 oz tăiţei cu ouă

7,5 ml/1 ½ linguriţă sare

75 g/3 oz/¾ cană nuci tocate

5 ceapa primavara (ceapa), tocata marunt

30 ml/2 linguri sos de soia

Încălziţi uleiul neacoperit timp de 2 1/2 minute în timpul decongelarii.
Adăugaţi ciupercile. Acoperiţi cu o farfurie şi gătiţi timp de 3 minute,
amestecând de două ori. O laşi deoparte, o ignori. Pune pastele într-un
castron mare şi adaugă suficientă apă clocotită pentru a acoperi pastele

cu 5 cm/2. Se adaugă sarea şi se fierbe neacoperit timp de 4-5 minute până când pastele se umflă şi se înmoaie. Se scurge si se lasa sa se raceasca. Adăugaţi restul ingredientelor, inclusiv ciupercile, şi amestecaţi bine.

Macaroane cu boia

2. servitor

300 ml/½ buc./1¼ cană suc de roşii
125 g/4 oz/1 cană macaroane cot
5 ml/1 lingurita de sare
30 ml/2 linguri vin alb, încălzit
1 ardei gras rosu sau verde mic, fara samburi si tocat
45 ml/3 linguri ulei de măsline
75 g/3 oz/¾ cană brânză Gruyère (elveţiană) sau Emmental, rasă
30 ml/2 linguri patrunjel tocat

Turnaţi sucul de roşii într-o cratiţă de 1,25 litri/2¼ pt/5½ cani. Acoperiţi cu o farfurie şi încălziţi timp de 3½-4 minute până când este foarte fierbinte şi clocotită. Se amestecă toate celelalte ingrediente, cu excepţia brânzei şi pătrunjelului. Acoperiţi ca înainte şi gătiţi timp de 10 minute, amestecând de două ori. Se lasa 5 minute. Se presară cu brânză şi pătrunjel. Se reîncălzi, neacoperit, complet timp de cca. 1 minut până se topeşte brânza.

48

Brânză de macaroane de familie

6-7

Pentru comoditate, această rețetă este făcută pentru o masă de familie numeroasă, dar orice resturi pot fi reîncălzite în loturi în cuptorul cu microunde.

350 g/12 oz/3 cani macaroane cot

10 ml/2 lingurițe de sare

30 ml/2 linguri faina de porumb (amidon de porumb)

600 ml/1 buc./2½ căni lapte rece

1 ou, batut

10 ml/2 linguriță muștar

Piper negru proaspăt măcinat

275 g/10 oz/2½ căni de brânză cheddar, rasă

Puneți macaroanele într-un castron adânc. Amestecați sarea și apă clocotită cât să acopere pastele cu 5 cm/2. Gatiti, descoperit, complet fiert timp de aprox. Se amestecă de trei ori timp de 10 minute până se omogenizează. Scurgeți dacă este necesar. lasa-le sa stea pana ce sosul este gata. Într-un castron mare separat, amestecați făina de porumb uniform cu puțin lapte rece, apoi amestecați restul. Gatiti descoperit

49

timp de 6-7 minute pana se ingroasa uniform, amestecand in fiecare minut. Amestecați oul, muștarul și piperul, apoi două treimi din brânză și toate macaroanele. Se amestecă bine cu o furculiță. Se întinde uniform într-un vas uns cu diametrul de 30 cm/12 cm. Se presară deasupra restul de brânză. Se încălzește neacoperit timp de 4-5 minute. Dacă vă place, prăjiți-l repede sub un grătar încins (broiler) înainte de servire.

Brânza clasică de macaroane

4-5

Această versiune este puțin mai bogată decât brânza de familie macaroane și este potrivită pentru multe variante.

225 g/8 oz/2 cesti macaroane cot

7,5 ml/1½ linguriță sare

30 ml/2 linguri de unt sau margarină

30 ml/2 linguri de făină simplă (universală).

300 ml/½ buc./1¼ cană lapte

225 g brânză cheddar, rasă

5-10 ml/1-2 linguriță muștar preparat

Sare și piper negru proaspăt măcinat

Puneți macaroanele într-un castron adânc. Amestecați sarea și apă clocotită cât să acopere pastele cu 5 cm/2. Gatiti descoperit timp de 8-10 minute pana se inmoaie, amestecand de doua sau trei ori. Pune la microunde timp de 3-4 minute. Scurgeți dacă este necesar. lasa-le sa stea pana ce sosul este gata. Topiți untul sau margarina neacoperite în timpul decongelarii timp de 1-1,5 minute. Se amestecă făina și apoi se amestecă treptat laptele. Gatiti descoperit timp de 6-7 minute pana se ingroasa uniform, amestecand in fiecare minut. Se amestecă două treimi din brânză, apoi muștarul și condimentele, apoi macaroanele. Se întinde uniform într-un vas cu diametrul de 20 cm/8. Se presară cu restul de brânză. Se încălzește neacoperit timp de 3-4 minute. Dacă vă place, prăjiți-l repede sub un grătar încins (broiler) înainte de servire.

Macaroane cu branza cu Stilton

4-5

Fă-o ca o brânză clasică de macaroane, dar înlocuiește jumătate din brânză cheddar cu 100 g de Stilton mărunțit.

Macaroane cu branza cu bacon

4-5

Fă-o ca brânză clasică de macaroane, dar amestecă în 6 felii (felii) de slănină striată, la grătar (prăjită) până devine crocantă, apoi mărunțită, cu muștar și condimente.

Macaroane cu brânză cu roșii

4-5

Fă-o ca brânză clasică de macaroane, dar adaugă un strat de felii de roșii aprox. 3 roșii decojite deasupra pastelor înainte de a presăra brânza rămasă.

Spaghete carbonara

Server 4

75 ml/5 linguri smântână dublă (grea).
2 ouă mari
100 g/4 oz/1 cană șuncă de Parma, tocată
175 g/6 oz/1½ cani de parmezan ras
350 g de spaghete sau alte paste mari

Se amestecă smântâna și ouăle până devine spumoasă. Se amestecă șunca și 90 ml/6 linguri parmezan. Gătiți spaghetele conform instrucțiunilor. Scurgeți și puneți într-un bol de servire. Adăugați amestecul de smântână și amestecați cu două furculițe sau linguri de lemn. Acoperiți cu hârtie de bucătărie și încălziți timp de 1 minut și jumătate. Serviți fiecare porție cu parmezanul rămas.

Macaroane cu branza in stil pizza

4-5

225 g/8 oz/2 cesti macaroane cot

7,5 ml/1½ linguriță sare

30 ml/2 linguri de unt sau margarină

30 ml/2 linguri de făină simplă (universală).

300 ml/½ buc./1¼ cană lapte

125 g/4 oz/1 cană brânză cheddar, mărunțită

125 g/4 oz/1 cană brânză mozzarella, mărunțită

5-10 ml/1-2 linguriță muştar preparat

Sare şi piper negru proaspăt măcinat

212 g/7 oz/1 cutie mică de ton în ulei, scurs şi uns cu ulei

12 măsline negre, feliate

1 conserve de piment, feliat

2 roșii albite, curățate și tăiate grosier
5-10 ml/1-2 lingurițe pesto roșu sau verde (opțional)
Frunze de busuioc, pentru ornat

Puneți macaroanele într-un castron adânc. Amestecați sarea și apă clocotită cât să acopere pastele cu 5 cm/2. Gatiti descoperit timp de 8-10 minute pana se inmoaie, amestecand de doua sau trei ori. Pune la microunde timp de 3-4 minute. Scurgeți dacă este necesar. lasa-le sa stea pana ce sosul este gata. Topiți untul sau margarina neacoperite în timpul decongelarii timp de 1-1,5 minute. Se amestecă făina și apoi se amestecă treptat laptele. Gatiti descoperit timp de 6-7 minute pana se ingroasa uniform, amestecand in fiecare minut. Se amestecă două treimi din fiecare brânză, apoi muștarul și condimentele. Amestecați macaroane, ton, 15 ml/1 lingură ulei de ton, măsline, pimiento, roșii și pesto, dacă folosiți. Se întinde uniform într-un vas cu diametrul de 20 cm/8. Se presară cu restul de brânză. Se încălzește neacoperit timp de 3-4 minute. Dacă doriți

Crema de spaghete cu ceapa primavara

Server 4

150 ml/¼ pct/2/3 cană smântână dublă (grea).
1 galbenus de ou
150 g/5 oz/1¼ cani de parmezan ras
8 ceapa primavara (ceapa), tocata marunt
Sare și piper negru proaspăt măcinat
350 g de spaghete sau alte paste mari

Amestecați smântâna, gălbenușul de ou, 45 ml/3 linguri de parmezan și ceapa primăvară până devine spumoasă. Asezonați bine după gust. Gătiți spaghetele conform instrucțiunilor. Scurgeți și puneți într-un bol de servire. Adăugați amestecul de smântână și amestecați cu două furculițe sau linguri de lemn. Acoperiți cu hârtie de bucătărie și încălziți timp de 1 minut și jumătate. Parmezanul ramas se ofera separat.

Spaghete bolognese

4-6

450 g/1 lb/4 cesti carne de vita macrata

1 cățel de usturoi, presat

1 ceapa mare, rasa

1 ardei verde, fara samburi si tocat

5 ml/1 linguriță de condimente italiene sau un amestec de ierburi uscate

400 g/14 oz/1 cutie mare de roșii tocate

45 ml/3 linguri pasta de tomate (paste)

1 cub de supa de vita

75 ml/5 linguri vin roșu sau apă

15 ml/1 lingură zahăr brun închis, moale

5 ml/1 lingurita de sare

Piper negru proaspăt măcinat

350 g/12 oz spaghete proaspăt gătite și scurse sau alte paste

Parmezan ras

Combinați carnea de vită cu usturoiul într-o cratiță de 1,75 litri/3 pt/7½ cani. Gatiti descoperit timp de 5 minute. Se amestecă toate celelalte ingrediente, cu excepția sarii, piperului și spaghetelor. Acoperiți cu o farfurie și gătiți timp de 15 minute, amestecând de patru ori cu o furculiță pentru a rupe carnea. Se lasa 4 minute. Se condimentează cu sare și piper și se servește cu spaghete. Parmezanul este disponibil separat.

Spaghetti de curcan cu sos bolognez

Server 4

Fă-o ca spaghetele la bolognese, dar înlocuiește carnea de vită cu curcan măcinat.

Spaghete cu sos ragu

Server 4

Un sos tradițional și economic care a fost folosit pentru prima dată în Anglia în casele din Soho, la scurt timp după al Doilea Război Mondial.

20 ml/4 lingurite ulei de măsline

1 ceapa mare, tocata marunt

1 cățel de usturoi, presat

1 morcov mic, ras

250 g/8 oz/2 căni de carne de vită macră

10 ml/2 lingurițe de făină simplă (universală).

15 ml/1 lingură pastă de tomate (paste)

300 m/½ pt/1¼ cană putere de taur

45 ml/3 linguri de vin alb sec

1,5 ml/¼ linguriță busuioc uscat

1 frunză mică de dafin

175 g ciuperci, tocate grosier

Sare și piper negru proaspăt măcinat
350 g/12 oz spaghete proaspăt gătite și scurse sau alte paste
Parmezan ras

Pune uleiul, ceapa, usturoiul și morcovul într-o oală de 1,75 litri/3 pt/7½ cani. Cald, neacoperit, plin timp de 6 minute. Adăugați toate celelalte ingrediente, cu excepția sare, piper și spaghete. Acoperiți cu o farfurie și gătiți timp de 11 minute, amestecând de trei ori. Se lasa 4 minute. Se condimenteaza cu sare si piper, se scoate frunza de dafin si se serveste cu spaghete. Parmezanul este disponibil separat.

Spaghete cu unt

Server 4

350 g/12 oz paste
60 ml/4 linguri de unt sau ulei de măsline
Parmezan ras

Gatiti pastele conform instructiunilor. Se scurge si se pune intr-un castron mare cu unt sau ulei de masline. Se amestecă cu două linguri până când aluatul este bine acoperit. Turnați pe patru farfurii calde și acoperiți fiecare cu parmezan ras.

Paste cu usturoi

Server 4

350 g/12 oz paste

2 catei de usturoi, macinati

50 g/2 oz unt

10 ml/2 lingurita ulei de masline

30 ml/2 linguri patrunjel tocat

Parmezan ras

Frunze de rucola sau radicchio, tocate

Gatiti pastele conform instructiunilor. Se încălzeşte usturoiul, untul şi uleiul la maxim timp de 1 minut şi jumătate. Se amestecă pătrunjelul, se scurg pastele şi se pun într-un bol. Adăugaţi amestecul de usturoi şi amestecaţi cu două linguri de lemn. Se serveşte imediat stropit cu parmezan şi ornat cu rucola mărunţită sau frunze de radicchio.

Spaghete cu carne de vită și sos bolognez amestecat de legume

Server 4

30 ml/2 linguri ulei de măsline

1 ceapa mare, tocata marunt

2 catei de usturoi, macinati

4 felii (felii) de slănină striată, tocate mărunt

1 tulpina de telina, tocata

1 morcov, ras

125 g ciuperci, feliate subțiri

225 g/8 oz/2 căni carne de vită macră tocată

30 ml/2 linguri de făină simplă (universală).

1 pahar de vin roșu sec

150 ml/¼ pt/2/3 cană passată (rosii cernute)

60 ml/4 linguri supa de vita

2 roșii mari, cu coaja albă, decojite și tocate

15 ml/1 lingură zahăr brun închis, moale

1,5 ml/¼ linguriță nucșoară rasă

15 ml/1 lingura frunze de busuioc tocate

Sare și piper negru proaspăt măcinat

350 g/12 oz spaghete proaspăt gătite și scurse

Parmezan ras

Pune uleiul, ceapa, usturoiul, baconul, telina si morcovul intr-o oala de 2 litri/3½-pt/8½ cani. Adăugați ciupercile și carnea. Gatiti descoperit timp de 6 minute, amestecand de doua ori cu o furculita pentru a rupe carnea. Se amestecă toate celelalte ingrediente, cu excepția sarii, piperului și spaghetelor. Acoperiți cu o farfurie și gătiți timp de 13-15 minute, amestecând de trei ori. Se lasa 4 minute. Se condimentează cu sare și piper și se servește cu pastele. Parmezanul este disponibil separat.

Spaghete cu sos de carne si smantana

Server 4

Se prepară la fel ca spaghetele cu carne de vită și sos mixt de legume bologna, dar la final se amestecă 30-45 ml/2-3 linguri de smântână dublă (grea).

Spaghete cu sos de carne Marsala

Server 4

Se prepară ca la Spaghetti Bolognese cu carne de vită şi amestec de legume, dar înlocuiţi vinul cu Marsala şi adăugaţi 45ml/3 linguri de brânză Marscapone la final.

Paste alla Marinara

Server 4

Înseamnă „stil marinar" şi vine din Napoli.

30 ml/2 linguri ulei de măsline

3-4 căţei de usturoi, zdrobiţi

8 roşii mari, albite, decojite şi tocate

5 ml/1 lingurita menta tocata marunt

15 ml/1 lingura frunze de busuioc tocate marunt

Sare şi piper negru proaspăt măcinat

350 g/12 oz paste proaspăt gătite şi scurse

Pecorino sau parmezan ras pentru servire

Puneţi toate ingredientele, cu excepţia aluatului, într-o caserolă de 1,25 litri/2¼ pt/5½ cană. Acoperiţi cu o farfurie şi gătiţi timp de 6-7 minute, amestecând de trei ori. Serviţi cu paste şi oferiţi separat pecorino sau parmezan.

Paste Matriciana

Server 4

Sos rustic pentru paste din regiunea centrală Abruzzo a Italiei.

30 ml/2 linguri ulei de măsline

1 ceapa, tocata

5 rases (felii) slănină neafumată, tocate grosier

8 roșii, albite, decojite și tocate

2-3 căței de usturoi, zdrobiți

350 g/12 oz paste proaspăt gătite și scurse

Pecorino sau parmezan ras pentru servire

Puneți toate ingredientele, cu excepția aluatului, într-o caserolă de 1,25 litri/2¼ pt/5½ cană. Acoperiți cu o farfurie și gătiți timp de 6 minute, amestecând de două ori. Serviți cu paste și oferiți separat pecorino sau parmezan.

Paste cu ton și capere

Server 4

15 ml/1 lingura de unt

200 g/7 oz/1 conserve mică de ton în ulei

60 ml/4 linguri supa de legume sau vin alb

15 ml/1 lingura capere, tocate

30 ml/2 linguri patrunjel tocat

350 g/12 oz paste proaspăt gătite și scurse

Parmezan ras

Pune untul într-o cratiță de 600 ml/1 pt/2½ cană și se topește, neacoperit, timp de 1½ minut. Adăugați conținutul cutiei de ton și curățați peștele. Se aduce la fiert cu bulion sau vin, capere si patrunjel, apoi se acopera cu o farfurie si se incinge 3-4 minute. Serviți cu paste și serviți separat parmezanul.

Paste napolitane

Server 4

Acest minunat sos de roșii napolitan cu un gust cald și colorat se face
cel mai bine vara, când roșiile sunt din abundență.

8 roșii mari coapte, cu coajă albă, decojite și tăiate grosier
30 ml/2 linguri ulei de măsline
1 ceapa, tocata
2-4 căței de usturoi, zdrobiți
1 frunza de telina, tocata
15 ml/1 lingura frunze de busuioc tocate
10 ml/2 lingurițe zahăr brun moale
60 ml/4 linguri apă sau vin roșu
Sare și piper negru proaspăt măcinat
30 ml/2 linguri patrunjel tocat
350 g/12 oz paste proaspăt gătite și scurse
Parmezan ras

Pune roșiile, uleiul, ceapa, usturoiul, țelina, busuiocul, zahărul și apa
sau vinul într-o oală de 1,25 litri/2¼ pt/5½ cană. Amesteca bine.

Acoperiți cu o farfurie și gătiți timp de 7 minute, amestecând de două ori. Se condimentează după gust, apoi se amestecă pătrunjelul, se servește imediat cu pastele și se servește parmezanul separat.

Paste pizzaiola

Server 4

Faceți-o ca Pasta Napoletana, dar creșteți roșiile la 10, omiteți ceapa, țelina și apa și folosiți dublu cantitate de pătrunjel. Adăugați 15 ml/1 lingură proaspăt sau 2,5 ml/½ linguriță oregano uscat cu pătrunjel.

Paste cu fasole

Server 4

Se prepară la fel ca Pastele Napoletana, dar se adaugă 125 g de șuncă tocată grosier și 175 g de fasole proaspătă împreună cu restul ingredientelor. Gatiti 9-10 minute.

Paste cu sos de ficat de pui

Server 4

225g/8oz ficat de pui
30 ml/2 linguri de făină simplă (universală).
15 ml/1 lingura de unt
15 ml/1 lingură ulei de măsline
1-2 căței de usturoi, zdrobiți
125 g ciuperci, feliate

150 ml/¼ pt/2/3 cană apă fierbinte

150 ml/¼ pt/2/3 cană vin roşu sec

Sare şi piper negru proaspăt măcinat

350 g/12 oz paste, proaspăt gătite şi scurse

Paste hamsii

Server 4

30 ml/2 linguri ulei de măsline

15 ml/1 lingura de unt

2 catei de usturoi, macinati

50 g/2 oz/1 cutie mică de fileuri de hamsii în ulei

45 ml/3 linguri patrunjel tocat

2,5 ml/½ linguriţă busuioc uscat

Piper negru proaspăt măcinat

350 g/12 oz paste proaspăt gătite şi scurse

Pune uleiul, untul şi usturoiul într-o cratiţă de 600 ml/1 pt/2½ cană. Toaca hamsia si adauga uleiul din cutie. Se adauga patrunjel, busuioc si piper dupa gust. Puneţi o farfurie peste el şi gătiţi 3-3 minute şi jumătate. Serviţi imediat cu pastele.

Ravioli cu sos

Server 4

350 g/12 oz/3 căni de ravioli

Gătiți ca o pastă mare, apoi serviți cu unul dintre sosurile de paste cu roșii de mai sus.

Tortellini

Server 4

Permite aprox. Tortellini achiziționați de 250 g/9 oz și gătiți așa cum ați proceda cu paste mari proaspete sau uscate. Se scurge bine, se adauga 25 g de unt nesarat (dulce) si se amesteca bine. Fiecare portie se serveste cu parmezan ras deasupra.

Lasagna

4-6

45 ml/3 linguri apă caldă
Spaghetti Sos Bolognese
9-10 foi de lasagna simplă, verde (verdi) sau maro (grâu integral)
care nu trebuie gătită în prealabil
Sos de brânză
25 g/1 oz/¼ cană parmezan ras
30 ml/2 linguri de unt
Nucşoară rasă

Ulei sau unt Vas de 20 cm/8 metri pătraţi. Adăugaţi apa fierbinte în sosul bologna. Pe fundul vasului se pune un strat de foi de lasagna, apoi un strat de sos bologna, apoi un strat de sos de branza. Continuaţi cu straturile, terminaţi cu sosul de brânză. Se presara cu parmezan, se stropesc cu unt si se presara nucsoara. Gătiţi descoperit timp de 15 minute, întorcând oala de două ori. Lăsaţi 5 minute, apoi continuaţi să gătiţi încă 15 minute sau până când lasagna este fragedă când este introdusă în centru. (Timpul de gătire va varia în funcţie de temperatura de pornire a celor două sosuri.)

Pizza napolitana

Faceți 4

Cuptorul cu microunde face o treabă grozavă la pizza, care aminteşte
de pizza găsită în toată Italia şi în special în Napoli.

30 ml/2 linguri ulei de măsline

2 cepe, curatate si tocate

1 căţel de usturoi, presat

150 g/5 oz/2/3 cană pastă de tomate (paste)

Aluat de paine alb sau maro de baza

350 g/12 oz/3 căni de brânză mozzarella, mărunţită

10 ml/2 lingurite oregano uscat

50 g/2 oz/1 cutie mică de fileuri de hamsii în ulei

Gatiti uleiul, ceapa si usturoiul descoperite timp de 5 minute,
amestecand de doua ori. Se amestecă pasta de roşii şi se lasă deoparte.
Împărţiţi aluatul în patru părţi egale. Rulaţi fiecare într-un cerc
suficient de mare încât să acopere o farfurie plată de 20 cm unsă şi
înfăinată. Se acopera cu hartie de bucatarie si se lasa 30 de minute.
Ungeţi fiecare cu amestecul de roşii. Amesteca branza cu oregano si
presara uniform peste fiecare pizza. Se ornează cu hamsii. Se coc
individual, acoperit cu hârtie de bucătărie, timp de 5 minute,
întorcându-se de două ori. Mănâncă imediat.

Pizza Margherita

Faceți 4

Pregătiți ca pentru Pizza Napoletana, dar înlocuiți busuiocul uscat cu oregano și omiteți anșoa.

Pizza cu fructe de mare

Faceți 4

Se prepară ca în cazul Pizza Napoletana. Odată fierte, se aruncă creveții (creveți), scoici, scoici etc.

Pizza Siciliana

Faceți 4

Se prepară ca în cazul Pizza Napoletana. Când sunt fierte, puneți 18 măsline negre mici între hamsii.

Pizza cu ciuperci

Faceți 4

Se prepară la fel ca Pizza Napoletana, dar se presară peste amestecul de roșii 100 g de roșii tăiate subțiri înainte de a adăuga brânza și ierburile. Gatiti inca 30 de secunde.

Faceți 4

Pregătiți ca pentru Pizza Napoletana, dar presărați 125g/4oz/1 cană șuncă tocată peste amestecul de roșii înainte de a adăuga brânza și ierburile. Tăiați 2 cutii de inele de ananas și întindeți-le peste pizza. Gatiti inca 45 de secunde.

Pizza cu pepperoni

Faceți 4

Pregătiți ca pentru Pizza Napoletana, dar acoperiți fiecare pizza cu 6 felii subțiri de cârnați pepperoni.

Fulgi de migdale unse

Un sos minunat pentru preparate dulci și sărate.

15 ml/1 lingura unt nesarat (dulce).
50 g/2 oz/½ cană fulgi de migdale
Sare obișnuită sau aromată sau zahăr granulat (super delicios).

Pune untul într-un vas de 20 cm/8 diametru. Dezghețați, neacoperit, timp de 45-60 de secunde. Se adaugă migdalele și se prăjesc descoperit timp de 5-6 minute până se rumenesc, amestecând și întorcându-se în fiecare minut. Presărați sare deasupra mâncărurilor sărate, zahăr granulat pentru dulceață.

Migdale feliate în unt de usturoi

Fă-l ca în fulgi de migdale cu unt, dar folosește unt de usturoi cumpărat din magazin. Acest lucru face un topping inteligent pentru feluri de mâncare precum piureul de cartofi și poate fi adăugat și în supe cremoase.

Castane uscate

Cuptorul cu microunde vă permite să gătiți castane uscate și să le folosiți în 2 ore fără a le înmuia peste noapte și apoi a le fierbe timp îndelungat. În plus, munca grea de peeling a fost deja făcută pentru tine.

Spălați 250 g/8 oz/2 căni de castane uscate. Se toarnă într-un vas de 1,75 litri/3 pt/7½ cani. Se amestecă 600 ml/1 pt/2½ căni de apă clocotită, se acoperă cu o farfurie şi se fierbe timp de 15 minute, întorcând oala de trei ori. Pune la microunde timp de 15 minute. Repetaţi cu aceiaşi timpi de gătit şi de odihnă. Când este gata, adăugaţi încă 150 ml/¼ pt/2/3 cană apă clocotită şi amestecaţi. Acoperiţi ca înainte şi gătiţi timp de 10 minute, amestecând de două ori. Lăsaţi timp de 15 minute înainte de utilizare.

Ierburi uscate

Dacă vă cultivaţi propriile plante, dar vă strаduiţi să le uscaţi în climat umed şi imprevizibil, un cuptor cu microunde îşi face treaba rapid, eficient şi curat, astfel încât să vă puteţi bucura de recolta anuală toată iarna. luni. Fiecare tip de plantă trebuie uscată singur pentru a-şi păstra aroma. Dacă doriţi mai târziu, puteţi face propriul amestec amestecând câteva ierburi uscate.

Începeţi prin a tăia ierburile de pe tufişuri cu maşini de tuns sau foarfece. Scoateţi frunzele (acele în cazul rozmarinului) de pe tulpină şi împachetaţi-le lejer într-o cană de măsurare de 300 ml/½ pt/1¼ cană, umplând aproape până la vârf. Se toarnă într-o strecurătoare (strecurătoare) şi se clăteşte rapid şi bine sub jet de apă rece. Scurgeţi bine, apoi uscaţi între pliuri pe un prosop de bucătărie curat şi uscat (maşină de spălat vase). Aşezaţi un strat dublu de hârtie de bucătărie direct pe placa cuptorului cu microunde. Se încălzeşte neacoperit timp de 5-6 minute, mişcând uşor ierburile pe hârtie de două sau trei ori. De îndată ce arată ca frunzele foşnind de toamnă şi şi-au pierdut culoarea verde strălucitor, se poate presupune că ierburile s-au uscat. Dacă nu, continuați încălzirea timp de 1-1,5 minute. Scoatem din cuptor si lasam sa se raceasca. Zdrobiți ierburile uscate frecându-le între mâini. Puneți în borcane ermetice cu dopuri și etichete. A se păstra departe de lumină puternică.

Pesmet crocant

Chiflele ușoare de înaltă calitate - spre deosebire de pachetele galben-gălbenele - se gătesc perfect la cuptorul cu microunde și devin crocante și crocante fără să se rumenească. Pâinea poate fi nouă sau veche, dar proaspătă durează puțin mai mult să se usuce. Zdrobiți 3½ felii mari de pâine albă sau maro crustă în firimituri fine. Presărați crumble-ul într-un vas puțin adânc, cu diametrul de 25 cm/10. Gatiti descoperit timp de 5-6 minute, amestecand de patru ori, pana simtiti firimiturile uscate si crocante cu degetul. Se lasa sa se raceasca, amestecand din cand in cand, apoi se pastreaza intr-un recipient ermetic. Durează aproape la nesfârșit într-un loc răcoros.

Fa 12

Acest lucru este departe de a fi nou, mai ales pentru vegetarieni și vegani, dar combinația de nuci conferă acestor burgeri o aromă unică, iar textura crocantă nu este mai puțin apetisantă. Se poate servi cald cu sos, rece cu salata si maioneza, taiat orizontal in jumatate ca umplutura de sandvici sau chiar ca gustare.

30 ml/2 linguri de unt sau margarină

125 g/4 oz/1 cană migdale întregi prăjite

125 g/4 oz/1 cană bucăți de nuci pecan

125 g/4 oz/1 cană caju, prăjite

125 g/4 oz/2 căni de pesmet maro moale proaspăt

1 ceapa rosie medie, rasa

2,5 ml/½ linguriță de sare

5 ml/1 linguriță de muștar preparat

30 ml/2 linguri lapte rece

Topiți untul sau margarina neacoperite timp de 1-1,5 minute. Se macină nucile foarte fin într-un blender sau robot de bucătărie. Se toarnă și se amestecă cu restul ingredientelor, inclusiv cu untul sau margarina. Împărțiți în 12 părți egale și modelați în ovale. Aranjați în jurul marginii unei foi mari, unsă cu unsoare. Gatiti descoperit timp de 4 minute, intorcand o data. Se lasa 2 minute.

6-8

Pregătiți ca și pentru burgerii cu arahide, dar înlocuiți cele 350 g/12 oz/3 căni de nuci amestecate măcinate cu migdale, nuci pecan și caju. Formați un cerc de 20 cm/8 și puneți-l pe o tavă unsă cu unt. Gatiti descoperit timp de 3 minute. Lăsați să stea 5 minute, apoi gătiți complet încă 2 1/2 minute. Se lasa 2 minute. Se servesc calde sau reci, taiate cubulete.

Hrişcă

Server 4

Hrişca, cunoscută şi sub denumirea de cereale sarazine şi originară din Rusia, nu are legătură cu niciun alt cereale. Fructul mic al unei plante cu flori roz, cu parfum dulce, aparţinând familiei portului. Baza de blini (sau clătite ruseşti), boabele sunt o bază delicioasă, pământoasă şi un înlocuitor sănătos pentru cartofii cu carne şi pasăre.

175 g/6 oz/1 cană făină de hrişcă

1 ou, batut

5 ml/1 lingurita de sare

750 ml/1¼ pct/3 căni de apă clocotită

Combinaţi făina de hrişcă şi oul într-o cratiţă de 2 litri/3½-pt/8½ cani. Coaceţi descoperit timp de 4 minute, amestecând în fiecare minut şi rupând-o cu o furculiţă. Adăugaţi sare şi apă. Puneţi pe o farfurie la cuptorul cu microunde dacă se scurge şi gătiţi neacoperit timp de 22 de minute, amestecând de patru ori. Acoperiţi cu o farfurie şi lăsaţi să stea 4 minute. Înainte de servire, amestecaţi cu o furculiţă.

bulgară

6-8

Cunoscut și sub denumirea de grâu burghal, burghul sau crăpat, acest cereal este un aliment de bază al Orientului Mijlociu. Acum este disponibil pe scară largă în supermarketuri și magazine naturiste.

225g/8oz/1¼ cană piper bulgar
600 ml/1 bucată/2½ căni de apă clocotită
5-7,5 ml/1-1½ lingurițe de sare

Puneți bulgarul într-un vas de 1,75 litri/3 pt/7½ cani. Pâine prăjită, descoperită, timp de 3 minute, amestecând în fiecare minut. Se amestecă cu apă clocotită și sare, apoi se transferă pe o farfurie și se lasă 6-15 minute, în funcție de tipul de bulgăresc folosit, până când boabele sunt al dente, ca pastele. Înțepați cu o furculiță și mâncați cald sau rece.

Server 4

1 ceapă, rasă
15 ml/1 lingura ulei de masline sau de floarea soarelui
1 porție de bulgară

Puneți ceapa și uleiul într-un castron mic. Gatiti descoperit timp de 4 minute, amestecand de trei ori. Adăugați bulgarul fiert în același timp cu apa și sarea.

Server 4

Verde intens cu pătrunjel, acest fel de mâncare amintește de Liban și una dintre cele mai consistente salate imaginabile, un acompaniament perfect pentru orice, de la felii de nucă de legume până la friptură de miel. Poate fi, de asemenea, un aperitiv atractiv, aranjat deasupra verdețurilor de salată pe farfurii individuale.

1 porție de bulgară
120-150 ml/4-5 fl oz/½-2/3 cani de patrunjel tocat marunt
30 ml/2 linguri frunze de menta tocate
1 ceapa rosie medie, tocata marunt
15 ml/1 lingură ulei de măsline
Sare și piper negru proaspăt măcinat
Frunze de salata verde
Se ornează cu roșii feliate, castraveți și măsline negre

Gatiti bulgarul conform instructiunilor. Se pune jumatate din cantitate intr-un bol si se amesteca patrunjelul, menta, ceapa, uleiul si multa sare si piper dupa gust. Cand s-a racit il aranjezi pe frunze de salata verde si il decoreaza frumos cu garnitura. Folosiți restul de bulgăresc după cum doriți.

Server 4

Un favorit personal, presărat cu bucăți de brânză feta și servit cu pâine pita, este o masă completă.

1 porție de bulgară

1-2 căței de usturoi, zdrobiți

1 morcov, ras

15 ml/1 lingura frunze de menta tocate

60 ml/4 linguri patrunjel tocat

Suc de 1 lămâie mare, filtrat

45 ml/3 linguri de ulei de măsline sau de floarea soarelui, sau un amestec al celor două

Salată verde

Migdale prajite si masline verzi, pentru decor

Gătiți bulgarul conform instrucțiunilor, apoi amestecați usturoiul, morcovul, menta, pătrunjelul, zeama de lămâie și uleiul, apoi puneți-l pe un platou îmbrăcat cu salată verde și stropiți cu migdale prăjite și măsline verzi.

Server 4

Cușcușul este atât un cereale, cât și numele unei tocane de carne sau legume nord-africane. Fabricat din gris de grâu dur (cremă de grâu), arată ca o perlă minusculă, perfect rotunjită. Odinioară era făcută manual de bucătari de casă dedicați și talentați, dar acum este disponibilă și în pachete și poate fi preparată rapid datorită tehnicii franceze, care elimină sarcina obositoare și lentă de a găti la abur. Cușcușul poate fi înlocuit cu orice fel de mâncare bulgar (pp. 209-10).

250 g/9 oz/1½ căni de cușcuș cumpărat din magazin
300 ml/½ buc./1¼ cană apă clocotită
5-10 ml/1-2 lingurite de sare

Puneți cușcușul într-o cratiță de 1,75 litri/3 pt/7½ cani și gătiți, neacoperit, timp de 3 minute, amestecând în fiecare minut. Adăugați apă și sare și amestecați. Acoperiți cu o farfurie și gătiți timp de 1 minut. Se lasa la cuptorul cu microunde timp de 5 minute. Inainte de servire se pufeaza cu o furculita.

Server 4

Grits Hominy este un cereale nord-americane aproape albe pe bază de porumb (porumb). O mancam cu lapte caldut si zahar sau cu unt, sare si piper. Disponibil în magazinele specializate, cum ar fi Harrods din Londra.

150 g/5 oz/mic 1 cană gris
150 ml/¼ buc./2/3 cană apă rece
600 ml/1 bucată/2½ căni de apă clocotită
5 ml/1 lingurita de sare

Puneți grisul într-un castron de 2,5 litri/4½ pt/11 cani. Se amestecă cu apă rece până se omogenizează, apoi se adaugă apă clocotită și sare. Gatiti descoperit timp de 8 minute, amestecand de patru ori. Acoperiți cu o farfurie și lăsați să stea 3 minute înainte de servire.

Gnocchi alla Romana

Server 4

Gnocchi se găsesc adesea în restaurantele italiene, unde sunt foarte populare. Pregătește un prânz sau o cină consistent și sănătos cu salată, din ingrediente la prețuri accesibile.

600 ml/1 buc./2½ căni lapte rece

150 g/5 oz/¾ cană gris (cremă de grâu)

5 ml/1 lingurita de sare

50 g/2 oz/¼ cană unt sau margarină

75 g/3 oz/¾ cană parmezan ras

2,5 ml/½ linguriță muștar continental

1,5 ml/¼ linguriță nucșoară rasă

1 ou mare, batut

Salata mixta

ketchup (catsup)

Se amestecă jumătate din laptele rece cu grisul până se omogenizează într-un castron de 1,5 litri/2½ pt/6 cani. Se încălzește restul de lapte neacoperit timp de 3 minute. Se amestecă grisul cu sarea. Gătiți neacoperit timp de 7 minute până când este foarte gros, amestecând de patru sau cinci ori pentru a menține amestecul omogen. Scoateți din cuptorul cu microunde și adăugați jumătate din unt, jumătate din brânză și muștar, nucșoară și ou. Gatiti, neacoperit, timp de 1 minut. Acoperiți cu o farfurie și lăsați să stea 1 minut. Se întinde într-un vas pătrat de 23 cm/9 uns cu ulei sau uns. Acoperiți lejer cu hârtie de bucătărie şi daţi la frigider până se întăreşte. Tăiaţi în pătrate de 2,5 cm/1. Aşezaţi în cercuri suprapuse într-un vas rotund de 23 cm/9 uns. Se presară cu restul de brânză, se presară cu untul rămas şi se coace la cuptorul încins până se rumeneşte după 15 minute.

Gnocchi cu şuncă

Server 4

Pregătiţi ca Gnocchi alla Romana, dar adăugaţi 75 g/3 oz/¾ cană de şuncă de Parma tocată în laptele fierbinte.

Mei

4-6

Un bob distractiv și delicios, o rudă cu sorgul, care face un înlocuitor neobișnuit pentru orez. Când este consumat cu leguminoase (mazăre, fasole și linte), oferă o masă echilibrată, bogată în proteine.

175 g/6 oz/1 cană de mei
750 ml/1¼ pct/3 căni de apă clocotită sau bulion
5 ml/1 lingurita de sare

Puneți meiul într-o oală de 2 litri/3½ pt/8½ cani. Coaceți descoperit timp de 4 minute, amestecând de două ori. Se amesteca apa si sarea.Se pune pe o farfurie daca se termina. Gatiti neacoperit timp de 20-25 de minute pana se absoarbe toata apa. Scoateți cu o furculiță și mâncați imediat.

Mămăligă

Porți 6

Boabe de porumb galben pal, asemănător cu grisul (cremă de grâu), dar mai grosier. Este un aliment esențial cu amidon în Italia și

România unde este foarte respectat și este adesea consumat ca garnitură cu preparate din carne, carne de pasăre, ouă și legume. În ultimii ani, a devenit o specialitate la modă de restaurant, adesea tăiată în pătrate și servită la grătar (prăjită) sau la grătar (prăjită) cu sosuri asemănătoare spaghetelor.

150 g/5 oz/¾ cană mămăligă

5 ml/1 lingurita de sare

125 ml/¼ buc./2/3 cană apă rece

600 ml/1 bucată/2½ căni apă clocotită sau bulion

Pune mămăligă și sare într-o cratiță de 2 litri/3½ pt/8½ cani. Se amestecă cu apă rece până se omogenizează. Se amestecă treptat în apă clocotită sau bulion, dacă se varsă, se pune pe o farfurie. Gătiți neacoperit timp de 7-8 minute până când este foarte gros, amestecând de patru ori. Acoperiți cu o farfurie și lăsați să stea 3 minute înainte de servire.

Mămăligă la grătar

Porți 6

Pregătește-te așa cum ai face cu mămăligă. Când este copt, se întinde într-un vas pătrat de 23 cm/9 uns sau ulei. Se netezește partea superioară cu un cuţit înmuiat în apă fierbinte. Acoperiţi lejer cu hârtie de bucătărie şi lăsaţi să se răcească complet. Tăiaţi pătrate, ungeţi cu ulei de măsline sau de porumb şi prăjiţi până se rumeneşte în mod tradiţional.

Mamăliga cu pesto

Porţi 6

Se prepară ca pentru mămăligă, dar se adaugă în apa clocotită 20 ml/4 linguriţe de pesto roşu sau verde.

Mamaliga cu rosii uscate sau pasta de masline

Porţi 6

Pregătiţi ca şi pentru mămăligă, dar adăugaţi 45 ml/3 linguri de pastă de roşii uscate sau de măsline în apa clocotită.

Quinoa

2-3

Un cereale destul de inovator, bogat în proteine, din Peru, cu o textură crocantă ciudată și o aromă ușor afumată. Este potrivit pentru toate felurile de mâncare și este un nou înlocuitor pentru orez.

125 g/4 oz/2/3 cană quinoa
2,5 ml/½ linguriță de sare
550 ml/18 fl oz/21/3 căni de apă clocotită

Puneți quinoa într-un castron de 1,75 litri/3 pt/7½ cani. Coaceți descoperit timp de 3 minute, amestecând o dată. Adăugați sare și apă și amestecați bine. Gatiti 15 minute, amestecand de patru ori. Acoperiți și lăsați să stea 2 minute.

Polonia românească

Server 4

Renumitul preparat national al Romaniei - mamaliga.

1 portie de mamaliga

75 g/3 oz/1/3 cană unt

4 ouă mari proaspăt fierte

100 g/4 oz/1 cană brânză feta, mărunțită

150 ml/¼ pt/2/3 cană smântână

Pregătiți mămăliga și lăsați-o în oala în care a fost gătită. Se bate jumătate din unt, se toarnă movile egale pe patru plite încălzite și se face o gaură în fiecare. Se umple cu ou, se presara branza peste el si apoi se intinde peste el restul de unt si crema. Mănâncă imediat.

orez curry

Server 4

Este potrivită ca garnitură cu majoritatea preparatelor orientale și asiatice, în special indiene.

30 ml/2 linguri ulei de arahide.

2 cepe, tocate

225 g/8 oz/1 cană orez basmati

2 frunze mici de dafin

2 cuişoare întregi

Seminţe din 4 păstăi de cardamom

30-45 ml/2-3 linguri pudră de curry blândă

5 ml/1 lingurita de sare

600 ml/1 bucată/2½ căni apă clocotită sau supă de legume

Pune uleiul într-un recipient de 2,25 litri/4 pt/10 cani. Fierbinte, neacoperită, umplută timp de 1 minut. Se amestecă ceapa şi se găteşte timp de 5 minute. Se amestecă toate celelalte ingrediente. Acoperiţi cu folie (folie de plastic) şi tăiaţi de două ori pentru a elibera aburul. Gătiţi complet timp de 15 minute, întorcând oala de patru ori. Se lasa 2 minute. Tăiaţi şi serviţi.

Brânză de vaci şi caserolă de orez

3-4

O combinaţie grozavă de arome şi texturi care s-a întors din America de Nord acum câţiva ani.

225 g/8 oz/1 cană orez brun

50 g/2 oz/¼ cană de orez sălbatic

1,25 litri/2¼ pt/5½ căni de apă clocotită

10 ml/2 linguriţe de sare

4 cepe de primăvară (cepe), tocate grosier

1 ardei iute verde mic, fără seminţe şi tocat

4 roşii, cu coajă albă, decojite şi feliate

125 g ciuperci, feliate

225 g/8 oz/1 cană brânză de vaci

75 g/3 oz/¾ cană brânză cheddar, mărunţită

Puneţi orezul brun şi sălbatic într-o oală de 2,25 litri/4 pt/10 cani. Se amestecă apa şi sarea. Acoperiţi cu folie (folie de plastic) şi tăiaţi de două ori pentru a elibera aburul. Gatiti 40-45 de minute pana ce orezul este moale si fraged. Scurgeţi dacă este necesar. si pune deoparte. Umpleţi o caserolă de 1,75 litri/3 pt/7½ cani (cuptor olandez) în straturi alternante cu orez, ceapă, chili, roşii, ciuperci şi brânză de vaci. Presăraţi generos cheddar ras. Gătiţi neacoperit timp de 7 minute, întorcând tigaia de două ori.

Risotto italian

2-3

2,5-5 ml/½-1 linguriţă pudră de şofran sau 5 ml/1 linguriţă fir de şofran

50 g/2 oz/¼ cană unt

5 ml/1 lingurita ulei de masline

1 ceapa mare, curatata si rasa

225 g/8 oz/1 cană de orez risotto uşor gătit

600 ml/1 pt/2½ cani de apa clocotita sau supa de pui

150 ml/¼ pt/2/3 cană vin alb sec

5 ml/1 lingurita de sare

50 g/2 oz/½ cană parmezan ras

Dacă foloseşti şofran, zdrobeşte-l între degete într-un pahar cu apă caldă şi lasă-l să stea timp de 10-15 minute. Pune jumătate din unt şi ulei într-o cratiţă de 1,75 litri/3 pt/7½ cani. Reîncălziţi, neacoperiţi, dezgheţaţi timp de 1 minut. Se amestecă ceapa, se găteşte timp de 5 minute. Amestecaţi orezul, apa sau bulionul şi vinul şi sau firele de şofran cu apă sau pudră de şofran. Acoperiţi cu folie (folie de plastic) şi tăiaţi de două ori pentru a elibera aburul. Gătiţi complet timp de 14 minute, întorcând oala de trei ori. Incorporati usor restul de unt cu o furculita, apoi sarea si jumatate de parmezan. Gatiti descoperit timp de 4-8 minute, amestecand usor cu o furculita la fiecare 2 minute pana cand orezul a absorbit tot lichidul. Timpul de gătire depinde de tipul de orez folosit.

2-3

Rupeţi 20g/1oz de ciuperci uscate, de preferinţă ciuperci, în bucăţi mici, spălaţi-le bine sub jet de apă rece şi înmuiaţi timp de 10 minute în apa clocotită sau supa de pui folosită în reţeta de risotto italian. Procedaţi ca şi pentru risotto italian.

orez brazilian

3-4

15 ml/1 lingură ulei de măsline sau de porumb

30 ml/2 linguri de ceapă uscată

225 g/8 oz/1 cană orez american cu bob lung sau basmati

5-10 ml/1-2 lingurite de sare

600 ml/1 bucată/2½ căni de apă clocotită

2 roșii mari, cu coaja albă, decojite și tocate

Turnați uleiul într-o cratiță de 2 litri/3½ pt/8½ cani. Adăugați ceapa uscată. Gatiti descoperit timp de 1¼ minute. Se amestecă toate celelalte ingrediente. Acoperiți cu folie (folie de plastic) și tăiați de două ori pentru a elibera aburul. Gătiți complet timp de 15 minute, întorcând oala de patru ori. Se lasa 2 minute. Tăiați și serviți.

orez spaniol

Porți 6

O specialitate nord-americană care are prea puțin de-a face cu Spania, cu excepția adaosului de ardei și roșii! Mănâncă cu carne de pasăre și ouă.

225 g/8 oz/1 cană de orez cu bob lung, ușor fiert

600 ml/1 bucată/2½ căni de apă clocotită

10 ml/2 lingurițe de sare

Gatiti orezul in apa semi-sarata conform instructiunilor. Staţi cald. Turnaţi uleiul într-o cratiţă de 1,75 litri/3 pt/7½ cani. Fierbinte, neacoperită, umplută timp de 1 minut. Se amestecă ceapa şi ardeiul şi se gătesc timp de 5 minute, amestecând de două ori. Se amestecă roşiile şi se încălzeşte, neacoperit, timp de 3 1/2 minute. Stropiţi orezul fierbinte cu sare şi serviţi imediat.

Pilaf turcesc standard

Server 4

225 g/8 oz/1 cană de orez risotto uşor gătit

Apa clocotita sau supa de legume

5 ml/1 lingurita de sare

40 g/1½ oz/3 linguri de unt

Gatiti orezul in apa clocotita sau bulionul cu sare adaugata conform instructiunilor. Adăugați untul în oală sau castron. Lăsați timp de 10 minute. Explorează și bifurcă. Acoperiți cu o farfurie și reîncălziți timp de 3 minute.

Pilaf turcesc bogat

Server 4

225 g/8 oz/1 cană de orez risotto ușor gătit

Apa clocotita

5 ml/1 lingurita de sare

5 cm/in 2 batoane de scortisoara

40 g/1½ oz/3 linguri de unt

15 ml/1 lingură ulei de măsline

2 cepe, tocate

60 ml/4 linguri nuci de pin prajite

25g/1oz ficat de miel sau pui, tocat mărunt

30 ml/2 linguri de coacăze sau stafide

2 rosii, albite, curatate de coaja si tocate

Gatiti orezul in apa si sare intr-o oala mare sau castron impreuna cu batonul de scortisoara. O laşi deoparte, o ignori. Puneți untul şi uleiul într-o cratiță de 1,25 litri/2¼ pt/5½ cani şi încălziți, neacoperit, timp de 1 minut. Se amestecă toate celelalte ingrediente, se acoperă cu o farfurie şi se fierbe timp de 5 minute, amestecând de două ori. Se amestecă uşor orezul fierbinte cu o furculiță. Acoperiți ca înainte şi încălziți din nou timp de 2 minute.

Orez thailandez cu lemongrass, frunze de lime şi nucă de cocos

Server 4

Un miracol al bunătății rafinate, potrivit pentru toate preparatele thailandeze din pui şi peşte.

250g / 9oz / generos 1 cană de orez thailandez

400 ml/14 fl oz/1¾ cani lapte de cocos conservat

2 frunze proaspete de tei

1 frunză de lemongrass, tăiată în jumătate pe lungime sau 15 ml/1

lingură frunze de lemongrass tocate mărunt

7,5 ml/1½ linguriță sare

Turnați orezul într-o oală de 1,5 litri/2½ pt/6 cani. Turnați laptele de cocos într-un vas dozator și umpleți cu 600 ml/1 pt/2½ căni de apă rece. Se încălzește neacoperit timp de 7 minute până la fierbere. Amestecați cu grijă orezul cu toate celelalte ingrediente. Acoperiți cu folie (folie de plastic) și tăiați de două ori pentru a elibera aburul. Gatiti complet timp de 14 minute. Se lasa 5 minute. Acoperiți și îndepărtați iarba de lămâie, dacă folosiți. Învârtiți-l ușor cu o furculiță și mâncați imediat orezul ușor moale și lipicios.

Bame cu varză

Porți 6

Un articol interesant din Gabon, blând sau iute în funcție de cantitatea de chili din el.

30 ml/2 linguri ulei de arahide.
Bol sauna 450 g sau iarba verde, ras fin
200 g/7 oz bame (degetul doamnei), vârf, coadă și tăiate în bucăți
1 ceapă, rasă
300 ml/½ buc./1¼ cană apă clocotită
10 ml/2 lingurițe de sare
45 ml/3 linguri nuci de pin, prajite usor sub gratar (broiler)
2,5-20 ml/¼-4 linguriță pudră de chili

Turnați uleiul într-o tavă de 2,25 litri/4 pt/10 cani (cuptor olandez). Se amestecă legumele și bame, apoi restul ingredientelor. Amesteca bine. Acoperiți cu folie (folie de plastic) și tăiați de două ori pentru a elibera aburul. Gatiti complet timp de 7 minute. Se lasa 5 minute. Gatiti inca 3 minute complet. Scurgeți dacă este necesar. și slujitor.

Varză roșie cu mere

Porți 8

100

Glorious Red Cabbage with Hot Gammon, Goose and Duck este o garnitură dulce-acrişoară scandinavă şi nord-europeană, care este acum destul de inteligentă, se descurcă cel mai bine la cuptorul cu microunde, deoarece îşi păstrează culoarea roz intens.

900 g/2 lb varză roşie

450 ml/¾ pt/2 căni de apă clocotită

7,5 ml/1 ½ linguriţă sare

3 cepe, tocate

3 mere fierte (placinta), curatate de coaja si ras

30 ml/2 linguri zahăr brun moale

2,5 ml/½ linguriţă de chimen

30 ml/2 linguri faina de porumb (amidon de porumb)

45 ml/3 linguri de oţet de malţ

15 ml/1 lingura de apa rece

Tăiaţi varza, îndepărtând frunzele exterioare deteriorate sau deteriorate. Se taie în sferturi şi se îndepărtează tulpina centrală dură, apoi se da pe răzătoare cât mai fin posibil. Puneţi în vase de 2,25 litri/4 pt/10 cani. Se adauga jumatate din apa clocotita si 5 ml/1 lingurita de sare. Acoperiţi cu o farfurie şi gătiţi timp de 10 minute, întorcând tigaia de patru ori. Amestecaţi bine, apoi amestecaţi restul de apă clocotită şi restul de sare, ceapa, mărul, zahărul şi chimenul. Acoperiţi cu folie de aluminiu (film de plastic) şi tăiaţi de două ori pentru a lăsa aburul să iasă. Gătiţi complet timp de 20 de minute, întorcând oala de patru ori. Scoateţi din cuptorul cu microunde. Se amestecă făina de porumb cu oţetul şi apa rece până se omogenizează. Se adauga varza fierbinte si se amesteca bine. Gătiti descoperit timp de 10 minute, amestecand de trei ori. Se lasa sa se raceasca inainte de a se pune la frigider peste noapte. Pentru a servi, acoperiți din nou cu folie proaspătă și tăiați de două ori pentru a elibera aburul, apoi reîncălziți timp de 5-6 minute înainte de servire. Alternativ, transferați porțiuni pe farfurii laterale și acoperiți fiecare cu hârtie de bucătărie, apoi încălziți fiecare complet timp de 1 minut.

Varză roșie cu vin

Porți 8

Se prepară ca varză înăbușită cu mere, dar înlocuiți jumătate din apă clocotită cu 250 ml/8 fl oz/1 cană de vin roșu.

Porți 8

900 g/2 lb varză

90 ml/6 linguri de apă

60 ml/4 linguri de otet de malt

60 ml/4 linguri zahăr granulat

10 ml/2 lingurițe chimen

7,5-10 ml/1½-2 lingurițe de sare

Tăiați varza, îndepărtând frunzele exterioare deteriorate sau deteriorate. Se taie în sferturi și se îndepărtează tulpina centrală dură, apoi se da pe răzătoare cât mai fin posibil. Puneți într-o oală de 2,25 litri/4 pt/10 cani cu toate celelalte ingrediente. Se amestecă bine cu două linguri. Acoperiți cu folie (folie de plastic) și tăiați de două ori pentru a elibera aburul. Decongelați și gătiți timp de 45 de minute, întorcând oala de patru ori. Se lasa la temperatura camerei peste noapte pentru a infuza aroma. La servire, așezați porțiile individuale pe farfurii laterale și acoperiți fiecare porție cu hârtie de bucătărie. Se încălzește complet pe rând, aproximativ 1 minut fiecare. Acoperiți strâns și apoi lăsați restul la frigider.

Bame aburite în stil grecesc cu roșii

6-8

103

Acest fel de mâncare de legume uşor oriental a devenit o propunere viabilă acum că okra (degetul doamnei) este mai disponibilă. Această reţetă este grozavă cu carne de miel sau ca masă singură, servită cu orez.

900 g/2 lb bame, vârf şi coadă
Sare şi piper negru proaspăt măcinat
90 ml/6 linguri otet de malt
45 ml/3 linguri ulei de măsline
2 cepe, curatate si tocate
6 roşii, albite, decojite şi tăiate grosier
15 ml/1 lingură zahăr brun moale

Întindeţi bamele pe o farfurie mare şi plată. Stropiţi cu sare şi oţet pentru a reduce riscul ca bamele să se despartă şi să devină moale. Lăsaţi timp de 30 de minute. Se spala si se usuca pe hartie de bucatarie. Turnaţi uleiul într-o oală de 2,5 litri/4½ pt/11 cani şi adăugaţi ceapa. Gatiti descoperit timp de 7 minute, amestecand de trei ori. Se amestecă toate celelalte ingrediente, inclusiv bame şi se asezonează după gust. Acoperiţi cu o farfurie şi gătiţi timp de 9-10 minute, amestecând de trei până la patru ori, până când bamele sunt fragede. Lăsaţi să stea 3 minute înainte de servire.

Legume cu rosii, ceapa si unt de arahide

4-6

Încercați această specialitate din Malawi cu o felie de pâine albă ca

fel principal vegetarian sau serviți ca garnitură cu pui.

450 g/1 lb verdeață de primăvară (verzi de guler), mărunțite fin

150 ml/¼ pt/2/3 cană apă clocotită

5-7,5 ml/1-1½ lingurițe de sare

4 roșii, cu coajă albă, decojite și feliate

1 ceapa mare, tocata marunt

60 ml/4 linguri unt de arahide crocant

Puneți legumele într-o caserolă de 2,25 litri/4 pt/10 căni. Se amestecă cu apă și sare, se acoperă cu folie (folie de plastic) și se taie de două ori pentru a elibera aburul. Gatiti complet timp de 20 de minute. Acoperiți și amestecați roșiile, ceapa și untul de arahide, apoi acoperiți ca înainte și gătiți timp de 5 minute.

Sfecla dulce si cremoasa

Server 4

Acest mod atractiv de a prezenta sfecla roşie datează din anii 1890,

dar acum este din nou la modă.

450g/1lb sfeclă roşie fiartă, rasă grosier
150 ml/¼ pct/2/3 cană smântână dublă (grea).
Sare
15 ml/1 lingura de otet
30 ml/2 linguri zahăr demerara

Puneţi sfecla roşie într-o cratiţă de 900 ml/1½ pt/3¾ cană cu smântână şi sare după gust. Acoperiţi cu o farfurie şi încălziţi timp de 3 minute, amestecând o dată. Se amestecă oţetul şi zahărul şi se serveşte imediat.

Garnitură plină de viață și originală pentru carne și pasăre de Crăciun.

450g/1lb sfeclă roșie fiartă, curățată și tăiată felii
75 ml/5 linguri de suc de portocale proaspat stors
15 ml/1 lingura de otet de malt
2,5 ml/½ linguriță de sare
1 cățel de usturoi, curățat și zdrobit

Puneți sfecla roșie într-un vas de 18 cm/7 diametru. Se amestecă celelalte ingrediente și se toarnă peste sfeclă. Acoperiți cu folie (folie de plastic) și tăiați de două ori pentru a elibera aburul. Gătiți complet timp de 6 minute, întorcând tigaia de trei ori. Lăsați 1 minut.

țelină decojită

Porți 6

Mancare frumoasa de iarna in stil gourmet, cu peste si pasare.

4 felii de bacon slab, tocate

900 g țelină (rădăcină de țelină)

300 ml/½ buc./1¼ cană apă rece

15 ml/1 lingură suc de lămâie

7,5 ml/1½ linguriță sare

300 ml/½ buc./1¼ cană smântână obișnuită (ușoară).

1 pungă mică de chipsuri (chips), zdrobite într-o pungă

Pune baconul pe o farfurie si acopera cu hartie de bucatarie. Se fierbe complet timp de 3 minute. Curățați țelina gros, spălați-o bine și tăiați fiecare cap în opt bucăți. Puneți într-o oală de 2,25 litri/4 pt/10 cani cu apă, suc de lămâie și sare. Acoperiți cu folie (folie de plastic) și tăiați de două ori pentru a elibera aburul. Gătiți complet timp de 20 de minute, întorcând oala de patru ori. Canal. Tăiați țelina felii și puneți-o înapoi în oală. Se amestecă slănina și smântâna și se presară cu stropii. Gătiți neacoperit timp de 4 minute, întorcând tigaia de două ori. Lăsați să stea 5 minute înainte de servire.

Telina cu sos olandez de portocale

Porți 6

Țelină cu un superb sos olandez de citrice, rață și căprioară.

900 g țelină (rădăcină de țelină)

300 ml/½ buc./1¼ cană apă rece

15 ml/1 lingură suc de lămâie

7,5 ml/1½ linguriță sare

sos maltez

1 portocală foarte dulce, decojită și tăiată felii

Curățați țelina gros, spălați-o bine și tăiați fiecare cap în opt bucăți. Puneți într-o oală de 2,25 litri/4 pt/10 cani cu apă, suc de lămâie și sare. Acoperiți cu folie (folie de plastic) și tăiați de două ori pentru a elibera aburul. Gătiți complet timp de 20 de minute, întorcând oala de patru ori. Canal. Tăiați țelina felii și puneți-o înapoi în oală. Stați cald. Pregătiți sosul de malț și turnați-l peste țelină. Se ornează cu felii de portocală.

Tocană de legume pentru slăbit

2. servitor

Fă-l ca Slimmer's Fish Pot, dar lasă peștele afară. Adăugați carnea tăiată cubulețe a 2 avocado cu condimente și ierburi la legumele fierte. Acoperiți și încălziți complet timp de 1 minut și jumătate.

2. servitor

Faceți-o ca în caserola de legume Slimmer's, dar acoperiți fiecare porție cu 1 ou fiert tare (fiert tare) tocat.

Ratatouille

6-8

O explozie de aromă și culoare mediteraneană face parte din această incredibilă caserolă de legume. Cald, rece sau fierbinte - pare să se potrivească cu orice.

60 ml/4 linguri ulei de măsline

3 cepe, curatate de coaja si tocate grosier

1-3 căței de usturoi, zdrobiți

225g/8oz dovlecel (dovlecel), feliat subțire

350 g/12 oz/3 căni de vinete tăiate cubulețe

1 ardei gras rosu sau verde mare, fara samburi si tocat

3 roșii coapte, curățate, albite și tocate

30 ml/2 linguri pasta de tomate (paste)

20 ml/4 lingurițe zahăr brun moale

10 ml/2 lingurițe de sare

45-60 ml/3-4 linguri patrunjel tocat

Turnați uleiul într-o cratiță de 2,5 litri/4½ pt/11 cani. Fierbinte, neacoperită, umplută timp de 1 minut. Se amestecă ceapa și usturoiul și apoi se gătesc neacoperit timp de 4 minute. Se amestecă toate celelalte ingrediente, cu excepția jumătate din pătrunjel. Acoperiți cu o farfurie și gătiți timp de 20 de minute, amestecând de trei sau patru ori. Acoperiți și gătiți timp de 8-10 minute, amestecând de patru ori, până când cea mai mare parte a lichidului s-a evaporat. Se amestecă restul de pătrunjel, se servește imediat sau se răcește, se acoperă și se dă la frigider dacă mănânci mai târziu.

Păstârnac caramelizat

Server 4

Ideal pentru toate fripturile de pasăre și carne de vită, alegeți păstârnac nu mai mare decât un morcov mare.

450 g/1 lb păstârnac mic, feliat subţire

45 ml/3 linguri de apă

25 g/1 oz/2 linguri de unt

7,5 ml/1½ linguriţă zahăr brun închis

Sare

Puneţi păstârnacul într-o oală de 1,25 litri/2¼ pt/5½ cană cu apă. Acoperiţi cu folie (folie de plastic) şi tăiaţi de două ori pentru a elibera aburul. Gătiţi complet timp de 8-10 minute, răsturnând oala şi scuturând uşor conţinutul de două ori până la omogenizare. Scurgeţi apa. Adăugaţi untul şi zahărul, apoi întoarceţi păstârnacul pentru a se îmbrăca bine. Se încălzeşte neacoperit timp de 1-1,5 minute până devine translucid. Stropiţi cu sare şi mâncaţi imediat.

Păstârnac cu sos crumble de ou şi unt

Server 4

450 g/1 lb păstârnac, tăiat cubuleţe

45 ml/3 linguri de apă

75 g/3 oz/1/3 cană unt nesărat (dulce).

4 cepe primare (ceapa), tocate marunt

45 ml/3 linguri de pesmet prajit usor

1 ou tare (tare), ras

30 ml/2 linguri patrunjel tocat marunt

Suc de ½ lămâie mică

Puneți păstârnacul într-o oală de 1,5 litri/2½ pt/6 cani de apă. Acoperiți cu folie (folie de plastic) și tăiați de două ori pentru a elibera aburul. Gatiti complet timp de 8-10 minute. Lasă să stea în timp ce faci sosul. Pune untul într-un vas de măsurat și topește-l neacoperit timp de 2 până la 2 1/2 minute pe măsură ce se topește. Se amestecă ceapa și se prăjește, neacoperită, timp de 3 minute când este dezghețată, amestecând de două ori. Se amestecă toate celelalte ingrediente și se dezgheață timp de 30 de secunde. Scurgeți păstârnacul și puneți-l într-un vas preîncălzit. Acoperiți cu sosul crumble și serviți imediat.

Broccoli cu branza Supreme

4-6

450 g/1 lb broccoli

60 ml/4 linguri de apă

5 ml/1 lingurita de sare

150 ml/¼ pt/2/3 cană smântână

125 g/4 oz/1 cană brânză Cheddar sau Jarlsberg, rasă

1 ou

5 ml/1 linguriță muştar uşor produs

2,5 ml/½ linguriță boia de ardei

1,5 ml/¼ linguriță nucşoară rasă

Se spala broccoli, se imparte in buchetele mici si se pune intr-un vas adanc cu diametrul de 20 cm/8 cu apa si sare. Acoperiţi cu folie (folie de plastic) şi tăiaţi de două ori pentru a elibera aburul. Gatiti complet timp de 12 minute. Scurgeţi bine. Se amestecă celelalte ingrediente şi se toarnă peste broccoli. Puneţi o farfurie peste el şi gătiţi timp de 3 minute. Se lasa 2 minute.

Guvetch

6-8

O versiune bulgărească viu colorată și aromată de ratatouille. Se serveste singur cu orez, paste sau mamaliga, sau ca garnitura pentru preparate cu ou, carne si pasare.

450 g/1 lb fasole franțuzească sau kenyană (verde), vârfuri și cozi

4 cepe, feliate foarte subțiri

3 catei de usturoi, macinati

60 ml/4 linguri ulei de măsline

6 ardei grasi de culori mixte, fara samburi si taiati fasii

6 rosii, albite, curatate de coaja si tocate

1 ardei iute verde, fără semințe și tocat (opțional)

10-15 ml/2-3 lingurițe de sare

15 ml/1 lingură de zahăr din trestie (super).

Tăiați fiecare fasole în trei bucăți. Puneți ceapa și usturoiul într-o oală de 2,5 litri/4½ pt/11 cani cu ulei. Se amestecă bine pentru a se combina. Gatiti descoperit timp de 4 minute. Se amestecă bine toate celelalte ingrediente, inclusiv fasolea. Acoperiți cu o farfurie și gătiți timp de 20 de minute, amestecând de trei ori. Acoperiți și gătiți încă 8-10 minute, amestecând de patru ori, până când cea mai mare parte a lichidului s-a evaporat. Se servește imediat sau se răcește, se acoperă și se da la frigider dacă se folosește mai târziu.

Server 4

6 felii (felii) de slănină striată

350 g telina taiata cubulete

30 ml/2 linguri de apă clocotită

30 ml/2 linguri de unt sau margarină

30 ml/2 linguri de făină simplă (universală).

300 ml/½ buc./1¼ cană smântână fierbinte

5 ml/1 linguriţă muştar englezesc

225 g brânză cheddar, rasă

Sare şi piper negru proaspăt măcinat

Paprika

Pâine prăjită (prăjită) pentru servire

Pune baconul pe o farfurie si acopera cu hartie de bucatarie. Gatiti 4-4 minute si jumatate, rasturnand farfuria o data. Scurgeţi grăsimea, apoi tocaţi grosier slănina. Puneţi ţelina într-un recipient separat cu apă clocotită. Acoperiţi cu o farfurie şi gătiţi timp de 10 minute, întorcând oala de două ori. Scurgeţi şi depozitaţi lichidul. Puneţi untul într-o cratiţă de 1,5 litri/2½ pt/6 cani. La decongelare, dezgheţaţi descoperit timp de 1-1,5 minute. Se amestecă făina şi se fierbe timp de 1 minut. Se amestecă treptat laptele. Gatiti descoperit timp de 4-5 minute pana se ingroasa uniform, amestecand in fiecare minut. Amestecaţi apa de ţelină, ţelina, baconul, muştarul şi două treimi din brânză, asezonaţi după gust. Transferaţi amestecul într-un recipient curat. Deasupra se presara restul de branza si se presara cu boia de ardei. Reîncălziți, neacoperit, timp de 2 minute. Se serveste cu paine prajita.

Inimioare de anghinare cu bacon prajit

Server 4

Fă-l ca slănină și brânză de țelină, dar lasă deoparte țelina. Pune 350 g de arpagic într-un castron cu 15 ml/1 lingură suc de lămâie și 90 ml/6 linguri apă clocotită. Acoperiți cu folie (folie de plastic) și tăiați de două ori pentru a elibera aburul. Gatiti 12-14 minute pana se inmoaie. Scurgeți, rezervând 45 ml/3 linguri de apă. Adăugați anghinarea și apa în sosul de muștar, bacon și brânză.

cartofi din Karelia

Server 4

Rețetă de cartofi de primăvară din Finlanda de Est.

450g/1lb cartofi noi, spălați, dar nu curățați
30 ml/2 linguri de apă clocotită
125 g/4 oz/½ cană unt, la temperatura camerei
2 oua fierte tari (fierte tari), tocate

Pune cartofii în 900 ml/1½ pt/3¾ cană apă clocotită. Acoperiți cu o farfurie și gătiți timp de 11 minute, amestecând de două ori. Între timp, bateți untul într-o cremă netedă și amestecați ouăle. Scurgeți cartofii și adăugați amestecul de ouă cât sunt încă foarte fierbinți. Serviți imediat.

Server 4

Un preparat de legume distractiv și calduros, care poate fi servit cu legume verzi fierte sau cu o salată crocantă.

750 g cartofi fierti, feliati grosi

3 roșii mari, albite, decojite și tăiate felii subțiri

1 ceapa rosie mare, tocata grosier

30 ml/2 linguri patrunjel tocat marunt

175 g/6 oz/1½ cană brânză Gouda, rasă

Sare și piper negru proaspăt măcinat

30 ml/2 linguri faina de porumb (amidon de porumb)

30 ml/2 linguri lapte rece

150 ml/¼ pt/2/3 cană apă fierbinte sau supă de legume

Paprika

Umpleți un vas uns de 1,5 litri/2½ pt/6 cani alternativ cu cartofi, roșii, ceapă, pătrunjel și două treimi din brânză, stropind sare și piper între straturi. Amestecați făina de porumb cu laptele rece până la omogenizare, apoi amestecați treptat apa fierbinte sau bulionul, apoi turnați-o peste marginea oalei. Deasupra se presara restul de branza si se presara cu boia de ardei. Se acopera cu hartie de bucatarie si se incinge la maxim 12-15 minute. Lăsați să stea 5 minute înainte de servire.

Cartofi dulci untoși și pufoși cu smântână

Server 4

450 g/1 lb cartofi roz dulci și cu pulpă galbenă (nu igname), curățați

și tăiați cubulețe

60 ml/4 linguri de apă clocotită

45 ml/3 linguri de unt sau margarină

60 ml/4 linguri frisca, incalzita
Sare şi piper negru proaspăt măcinat

Pune cartofii într-o tavă de copt de 1,25 litri/2¼ pt/5½ cană. Adăugaţi apa. Acoperiţi cu folie (folie de plastic) şi tăiaţi de două ori pentru a elibera aburul. Gătiţi complet timp de 10 minute, întorcând oala de trei ori. Se lasa 3 minute. Scurgeţi şi pasaţi bine. Se bate bine untul si smantana, se asezoneaza dupa gust. Puneţi într-un bol, acoperiţi cu o farfurie şi încălziţi timp de 1½-2 minute.

Cartofi dulci Maître d'Hôtel

Server 4

450 g/1 lb cartofi roz dulci şi cu pulpă galbenă (nu igname), curăţaţi
şi tăiaţi cubuleţe
60 ml/4 linguri de apă clocotită
45 ml/3 linguri de unt sau margarină
45 ml/3 linguri patrunjel tocat

Pune cartofii într-o tavă de copt de 1,25 litri/2¼ pt/5½ cană. Adăugați apa. Acoperiți cu folie (folie de plastic) și tăiați de două ori pentru a elibera aburul. Gătiți complet timp de 10 minute, întorcând oala de trei ori. Se lasă să stea 3 minute, apoi se strecoară. Se adauga untul si se rastoarna cartofii, apoi se presara patrunjel.

Cartofi cremosi

4-6

Cartofii gătiți la cuptorul cu microunde își păstrează aroma și culoarea și au o textură grozavă. Nutrienții lor sunt păstrați deoarece cantitatea de apă folosită pentru gătit este minimă. Puteți economisi combustibil și nu aveți vase de spălat - puteți chiar să gătiți cartofii în propriul bol de servire. Curata cartofii cat mai subtire pentru a pastra vitaminele.

900 g/2 lb cartofi curățați, tăiați cubulețe
90 ml/6 linguri de apă clocotită
30-60 ml/2-4 linguri de unt sau margarină
90 ml/6 linguri de lapte cald
Sare și piper negru proaspăt măcinat

Puneți bucățile de cartofi în 1,75 litri/3 pt/7½ căni de apă. Acoperiți cu folie (folie de plastic) și tăiați de două ori pentru a elibera aburul. Gătiți complet timp de 15-16 minute, întorcându-se de patru ori, până se înmoaie. Dacă este necesar, se strecoară, apoi se pisează până la o pastă fină, amestecând alternativ untul sau margarina și laptele.

Perioada de timp. Cand este usor si aerisit se pufeaza cu o furculita si se reincalzeste, neacoperit, 2-2 minute jumate.

4-6

Se prepară la fel ca piureul de cartofi, dar se amestecă 45-60 ml/3-4 linguri de pătrunjel tocat cu condimentele. Se încălzeşte din nou timp de 30 de secunde.

Cartofi cremosi cu branza

4-6

Se prepară ca pentru cartofi cremă, dar se amestecă 125 g de brânză tare rasă cu condimentele. Se încălzeşte din nou timp de 1 minut şi jumătate.

Paprika cartofi maghiari

Server 4

50 g/2 oz/¼ cană margarină sau untură
1 ceapa mare, tocata marunt

750 g/1½ lb cartofi, feliați

45 ml/3 linguri fulgi de ardei roșu uscat

10 ml/2 lingurite boia de ardei

5 ml/1 lingurita de sare

300 ml/½ buc./1¼ cană apă clocotită

60 ml/4 linguri smantana (acid lactic).

Puneți margarina sau untura într-un vas de 1,75 litri/3 pt/7½ cani. Se încălzeşte neacoperit timp de 2 minute până devine crocant. Adăugați ceapa. Gatiti descoperit timp de 2 minute. Se amestecă cartofii, boia de ardei, boia de ardei, sarea şi apa clocotită, apoi se acoperă cu folie (folie de plastic) şi se taie de două ori pentru a elibera aburul. Gătiți complet timp de 20 de minute, întorcând oala de patru ori. Se lasa 5 minute. Se toarnă pe farfurii fierbinți şi se adaugă fiecare cu 15 ml/1 lingură de cremă fraiche.

Cartofi Dauphine

Porți 6

Gratin dauphinoise - unul dintre marii francezi și o experiență încântătoare. Se serveste cu o salata cu frunze sau rosii prajite, sau ca garnitura cu carne, pasare, peste si oua.

900 g/2 lb cartofi cerați, feliați foarte subțiri
1-2 căței de usturoi, zdrobiți
75 ml/5 linguri de unt topit sau margarină
175 g/6 oz/1½ cană brânză Emmental sau Gruyère (elvețiană)
Sare și piper negru proaspăt măcinat
300 ml/½ buc./1¼ cană smântână
Paprika

Pentru a înmuia cartofii, puneți-i într-un castron mare și turnați peste ei apă clocotită. Se lasa 10 minute si apoi se strecoara. Amesteca usturoiul cu unt sau margarina. Ungeți un vas de 25 cm/10 adâncime. Începând și terminând cu cartofii, umpleți vasul alternativ cu felii de cartofi, două treimi din brânză și două treimi din amestecul de unt, iar între straturi se presară sare și piper. Turnați cu grijă laptele pe marginea vasului și apoi întindeți restul de brânză și unt de usturoi. Se presară cu boia de ardei. Acoperiți cu folie (folie de plastic) și tăiați de două ori pentru a elibera aburul. Gătiți complet timp de 20 de minute, întorcând oala de patru ori. Cartofii ar trebui să fie puțin al dente, ca pastele, dar dacă vreți să-i mai moale, gătiți-i încă 3-5 minute. Se lasa sa stea 5 minute, apoi se acopera si se serveste.

Porți 6

Pregătiți ca pentru cartofii Dauphine, dar înlocuiți laptele cu bulion sau jumătate vin alb și jumătate bulion.

Porți 6

Pregătiți ca pentru cartofii Dauphine, dar folosiți cidru mediu în loc de lapte.

Cartofi cu sos de unt de migdale

4-5

450 g/1 lb cartofi noi, curățați și fără miez

30 ml/2 linguri de apă

75 g/3 oz/1/3 cană unt nesărat (dulce).

75 g/3 oz/¾ cană fulgi de migdale (tăiate felii), prăjite și zdrobite

15 ml/1 lingură suc proaspăt de lămâie

Puneți cartofii într-o oală de 1,5 litri/2½ pt/6 cani de apă. Acoperiți cu folie (folie de plastic) și tăiați de două ori pentru a elibera aburul. Gatiti 11-12 minute pana se inmoaie. Lasă să stea în timp ce faci sosul. Pune untul într-un vas de măsurat și topește-l neacoperit timp de 2 până la 2 1/2 minute pe măsură ce se topește. Amestecați celelalte ingrediente, amestecați cu cartofii scurși de apă și serviți.

Muștar și roșii lime

Server 4

4 roșii mari, tăiate la jumătate pe orizontală
Sare și piper negru proaspăt măcinat
5 ml/1 lingurita coaja de lime rasa fin
30 ml/2 linguri muștar integral
Suc de 1 lime

Pune roșiile într-un cerc cu partea tăiată în sus pe o farfurie mare. Sare si piper. Se amestecă bine celelalte ingrediente și se întinde peste roșii. Gătiți descoperit timp de 6 minute, întorcând farfuria de trei ori. Lăsați 1 minut.

Castraveți la abur

Server 4

1 castravete, decojit
30 ml/2 linguri de unt sau margarină, la temperatura bucătăriei

2,5-5 ml/½-1 linguriță sare

30 ml/2 linguri pătrunjel sau frunze de coriandru tocate mărunt

Tăiați castravetele foarte subțire, lăsați-l să stea 30 de minute și apoi înfășurați-l uscat într-un prosop de bucătărie curat (câspă de vase). Pune untul sau margarina într-o cratiță de 1,25 litri/2¼ pt/5½ cană și se topește, neacoperit, timp de 1-1,5 minute pe măsură ce se topește. Se amestecă castravetele și sarea și se amestecă ușor până când se îmbină bine cu untul. Acoperiți cu o farfurie și gătiți timp de 6 minute, amestecând de două ori. Acoperiți și amestecați cu pătrunjel sau coriandru.

Castraveți prăjiți cu Pernod

Server 4

Pregătiți ca pentru castraveții fierți, dar adăugați 15 ml/1 lingură Pernod împreună cu castraveții.

spaniolă până la bază

Server 4

Supliment de vară ca supliment la păsări de curte și pește.

15 ml/1 lingură ulei de măsline

1 ceapa mare, curatata si tocata

3 roșii mari, cu coaja albă, decojite și tocate

450 g/1 lb dovleac, decojit și tăiat cubulețe

15 ml/1 lingura maghiran sau oregano, tocat

5 ml/1 lingurita de sare

Piper negru proaspăt măcinat

Se încălzește uleiul într-o oală de 1,75 litri/3 pt/7½ cană, descoperită, la foc maxim, timp de 1 minut. Se amestecă ceapa și roșiile, se acoperă cu o farfurie și se fierbe timp de 3 minute. Se amestecă toate celelalte ingrediente, se adaugă piper după gust. Puneți o farfurie peste el și gătiți la Full timp de 8-9 minute până când măduva este moale. Se lasa 3 minute.

Server 4

3 roșii albite, curățate și tăiate grosier

4 dovlecei (dovlecei), blaturi, cozi si felii subtiri

1 ceapa, tocata

15 ml/1 lingură de malț sau oțet de orez

30 ml/2 linguri patrunjel plat tocat

1 cățel de usturoi, presat

Sare și piper negru proaspăt măcinat

75 ml/5 linguri brânză Cheddar sau Emmental, rasă

Pune roșiile, dovleceii, ceapa, oțetul, pătrunjelul și usturoiul într-un vas adânc de 20 cm/8 diametru. Asezonați după gust și amestecați bine. Acoperiți cu folie (folie de plastic) și tăiați de două ori pentru a elibera aburul. Gătiți complet timp de 15 minute, întorcând oala de trei ori. Acoperiți și stropiți cu brânză. Fie rumeniți-l în mod tradițional sub grătar (broiler), fie pentru a economisi timp, puneți-l înapoi la cuptorul cu microunde și încălziți-l la foc maxim timp de 1-2 minute până când brânza clocotește și se topește.

Dovlecel cu boabe de ienupăr

4-5

8 boabe de ienupăr
30 ml/2 linguri de unt sau margarină
450 g/1 lb dovlecei (dovlecei), blaturi, cozi și felii subțiri
2,5 ml/½ linguriță de sare
30 ml/2 linguri patrunjel tocat marunt

Zdrobiți ușor boabele de ienupăr cu dosul unei linguri de lemn. Pune untul sau margarina într-un vas adânc de 20 cm/8 diametru. La decongelare, dezghețați descoperit timp de 1-1,5 minute. Se amestecă boabele de ienupăr, dovlecelul și sarea și se întinde într-un strat uniform, astfel încât să acopere fundul vasului. Acoperiți cu folie (folie de plastic) și tăiați de două ori pentru a elibera aburul. Gătiți complet timp de 10 minute, întorcând oala de patru ori. Se lasa 2 minute. Se acopera si se presara patrunjel.

Server 4

O încrucişare în textură şi aromă între varză şi o salată tare, frunzele chinezeşti sunt o legumă gătită foarte spectaculoasă, iar adăugarea de Pernod adaugă o notă foarte delicată şi delicată de anason.

675 g/1½ lb frunze chinezeşti, tocate
50 g/2 oz/¼ cană unt sau margarină
15 ml/1 lingură Pernod
2,5-5 ml/½-1 linguriţă sare

Puneţi frunzele rupte într-o cratiţă de 2 litri/3½ pt/8½ cani. Topiţi untul sau margarina într-un recipient separat, topindu-l timp de 2 minute. Adaugam varza cu Pernod si sare si amestecam usor. Acoperiţi cu o farfurie şi gătiţi timp de 12 minute, amestecând de două ori. Lăsaţi să stea 5 minute înainte de servire.

Germeni de fasole în stil chinezesc

Server 4

450 g/1 lb muguri de fasole proaspăt

10 ml/2 lingurițe sos de soia închis

5 ml/1 linguriță sos Worcestershire

5 ml/1 linguriță sare de ceapă

Combinați toate ingredientele într-un bol mare de amestecare.
Transferați într-o tavă adâncă, de 20 cm/8 diametru (cuptor olandez).
Puneți o farfurie peste el și gătiți timp de 5 minute. Lasam sa stea 2
minute, apoi amestecam si servim.

Morcov cu portocala

4-6

50 g/2 oz/¼ cană unt sau margarină

450g/1lb morcovi, rasi

1 ceapă, rasă

15 ml/1 lingură suc proaspăt de portocale

5 ml/1 lingurita coaja de portocala rasa fin

5 ml/1 lingurita de sare

Pune untul sau margarina într-un vas adânc de 20 cm/8 diametru. Dezghețați neacoperit timp de 1½ minut. Adăugați toate celelalte ingrediente și amestecați bine. Acoperiți cu folie (folie de plastic) și tăiați de două ori pentru a elibera aburul. Gatiti 15 minute, invartind oala de doua ori. Se lasa sa stea 2-3 minute inainte de servire.

Cicoare la abur

Server 4

O garnitură neobișnuită de legume cu un strop de sparanghel. Serviți
cu preparate cu ouă și carne de pasăre.

4 capete de cicoare (andive belgiana)
30 ml/2 linguri de unt sau margarină
1 cub de supă de legume
15 ml/1 lingura de apa clocotita
2,5 ml/½ linguriță sare de ceapă
30 ml/2 linguri suc de lamaie

Tăiați cicoarea, aruncând frunzele exterioare deteriorate sau deteriorate. Scoateți semințele în formă de con de pe fundul fiecăruia pentru a reduce amărăciunea. Tăiați cicoarea în felii groase de 1,5 cm/½ și puneți-le într-o tavă de copt de 1,25 litri/2¼ pt/5½ cană (cuptor olandez). Se topește untul sau margarina separat timp de 1,5 minute. Turnați cicoare peste. Zdrobiți cubul fiert în apă clocotită, apoi adăugați sare și zeama de lămâie. Turnați cicoare peste. Acoperiți cu folie (folie de plastic) și tăiați de două ori pentru a elibera aburul. Gătiți complet timp de 9 minute, întorcând tigaia de trei ori. Lasam sa stea 1 minut cu sucul din oala inainte de servire.

Server 4

Un preparat puternic din rădăcină de portocale pentru tocane de carne și vânat.

450 g/1 lb morcovi, feliați subțiri

60 ml/4 linguri de apă clocotită

30 ml/2 linguri de unt

1,5 ml/¼ linguriță turmeric

5 ml/1 lingurita coaja de lime rasa fin

Puneți morcovii în 1,25 L/2¼ pt/5½ căni de apă clocotită. Acoperiți cu folie (folie de plastic) și tăiați de două ori pentru a elibera aburul. Gătiți complet timp de 9 minute, întorcând tigaia de trei ori. Se lasa 2 minute. Canal. Adăugați imediat untul, turmericul și coaja de lime și mâncați imediat.

Fenicul în Sherry

Server 4

900 g/2 lb fenicul

50 g/2 oz/¼ cană unt sau margarină

2,5 ml/½ linguriță de sare

7,5 ml/1½ linguriță muștar franțuzesc

30 ml/2 linguri de sherry uscat mediu

2,5 ml/½ linguriță uscată sau 5 ml/1 linguriță tarhon proaspăt tocat

Spălați și uscați feniculul. Aruncați zonele maro, dar lăsați-le pe „degete" și frunzele verzi. Topiți untul sau margarina neacoperite în timpul decongelarii timp de 1,5-2 minute. Se amestecă ușor restul ingredientelor. Fiecare cap de fenicul se taie in sferturi si se pune intr-un vas adanc de 25 cm/10 diametru. Se unge cu amestecul de unt. Acoperiți cu o farfurie și gătiți timp de 20 de minute, întorcând oala de patru ori. Lăsați să stea timp de 7 minute înainte de servire.

Server 4

5 praz subțire, total aproximativ 450g/1lb
30 ml/2 linguri de unt sau margarină, la temperatura bucătăriei
225 g/8 oz/2 cesti sunca fiarta, taiata cubulete
60 ml/4 linguri de vin roșu
Sare și piper negru proaspăt măcinat

Tăiați capetele de whisky de pe praz, apoi tăiați toate, cu excepția a 10 cm din „fusta" verde. Tăiați cu grijă prazul în jumătate pe lungime, aproape până la vârf. Spălați bine între frunze sub jet de apă rece pentru a îndepărta orice murdărie sau nisip. Puneți untul sau margarina într-o tavă de 25 x 20 cm/10 x 8. Se topește 1-1,5 minute, apoi se întinde pe fund și pe părțile laterale. Pune prazul într-un singur strat pe fund. Presărați șuncă și vin și asezonați. Acoperiți cu folie (folie de plastic) și tăiați de două ori pentru a elibera aburul. Gatiti 15 minute, invartind oala de doua ori. Se lasa 5 minute.

Ceapa verde intr-o oala

Server 4

5 praz subțire, total aproximativ 450g/1lb

30 ml/2 linguri de unt sau margarină

60 ml/4 linguri supa de legume

Sare și piper negru proaspăt măcinat

Tăiați capetele de whisky de pe praz, apoi tăiați toate, cu excepția a 10 cm din „fusta" verde. Tăiați cu grijă prazul în jumătate pe lungime, aproape până la vârf. Spălați bine între frunze sub jet de apă rece pentru a îndepărta orice murdărie sau nisip. Tăiați în felii groase de 1,5 cm/½. Puneți într-o caserolă de 1,75 litri/3 pt/7½ cani (cuptor olandez). Topiți untul sau margarina într-un castron separat timp de 1½ minut. Adăugați bulionul și gustați. Se toarnă peste praz. Acoperiți cu o farfurie și gătiți timp de 10 minute, amestecând de două ori.

Telina intr-o oala

Server 4

Pregătiți ca pentru prazul prăjit, dar înlocuiți prazul cu 450g/1lb țelină spălată. Dacă doriți, adăugați ceapa tocată și gătiți încă 1,5 minute.

Piper umplut cu carne

Server 4

4 ardei verzi

30 ml/2 linguri de unt sau margarină

1 ceapa, tocata marunt

225 g/8 oz/2 căni carne de vită macră tocată

30 ml/2 linguri de orez cu bob lung

5 ml/1 linguriță amestec de plante uscate

5 ml/1 lingurita de sare

120 ml/4 fl oz/¼ cană apă fierbinte

Tăiați blatul ardeiului și rezervați. Aruncați fibrele interioare și semințele de la fiecare ardei. Tăiați o felie subțire de pe fiecare fund, astfel încât acestea să stea fără să se răstoarne. Puneți untul sau margarina într-un castron și încălziți-l pe Full timp de 1 minut. Adăugați ceapa. Gatiti descoperit timp de 3 minute. Se amestecă carnea și se rupe cu o furculiță. Gatiti descoperit timp de 3 minute. Amestecați orezul, ierburile, sarea și 60 ml/4 linguri de apă, apoi turnați amestecul în ardei. Așezați vertical și strâns unul lângă altul într-un castron adânc curat. Puneți capacul înapoi și turnați restul de apă în jurul ardeilor pentru sos. Acoperiți cu folie (folie de plastic) și tăiați de două ori pentru a elibera aburul. Gatiti 15 minute, invartind oala de doua ori. Lăsați să stea 10 minute înainte de servire.

Boia de ardei umpluta cu carne si rosii

Server 4

Se prepară la fel ca ardeii umpluți cu carne, dar înlocuiți apa cu suc de roșii îndulcit cu 10 ml/2 lingurițe.

Ardei umpluți de curcan cu lămâie și cimbru

Server 4

Se prepară ca pentru ardeii umpluți cu carne, dar cu curcan măcinat în loc de carne de vită și 2,5 ml/½ linguriță de cimbru cu amestecul de ierburi. Adăugați 5 ml/1 linguriță de coajă de lămâie rasă fin.

Bureți cremă în stil polonez

Porți 6

Este comună în Polonia și Rusia, unde ciupercile ocupă un loc proeminent pe fiecare masă. Se serveste cu cartofi noi si oua fierte.

30 ml/2 linguri de unt sau margarină

450g/1lb de ciuperci

30 ml/2 linguri faina de porumb (amidon de porumb)

30 ml/2 linguri apă rece

300 ml/½ buc./1¼ cană smântână

10 ml/2 linguriţe de sare

Pune untul sau margarina într-un castron adânc de 2,25 litri/4 pt/10 cani. Dezgheţaţi neacoperit timp de 1½ minut. Amestecaţi ciupercile, apoi acoperiţi şi gătiţi timp de 5 minute, amestecând de două ori. Amestecaţi făina de porumb cu apa până la omogenizare, apoi adăugaţi smântâna şi apoi amestecaţi uşor ciupercile. Se acoperă ca mai înainte şi se fierbe timp de 7-8 minute, amestecând de trei ori, până devine groasă şi cremoasă. Se amestecă sarea şi se mănâncă imediat.

Ciuperci cu piper

serveste 6

Faceţi ca un burete de cremă polonez, dar adăugaţi 1 căţel de usturoi presat în unt sau margarină înainte de a se topi. Amesteca 15 ml/1 lingura pasta de rosii si boia cu ciupercile. Serviţi cu paste mici.

Ciuperci curry

serveste 6

Pregătiți ca bureții de cremă în stil polonez, dar adăugați 15-30 ml/1-2 linguri de pastă de curry blândă și usturoi zdrobit în unt sau margarină înainte de a se topi. Înlocuiți smântâna cu iaurt natural gros și amestecați 10 ml/2 lingurițe de zahăr pudră (ultra fin) cu sarea. Serviți cu orez.

Linte Dhal

6-7

Acesta este Lentil Dhal din rădăcinile Indiei de Est.

50 g ghee, unt sau margarina

4 cepe, tocate mărunt

1-2 căței de usturoi, zdrobiți

225 g/8 oz/11/3 cani de linte portocalie, clătită bine

5 ml/1 linguriță de turmeric

5 ml/1 lingurita boia de ardei

2,5 ml/½ linguriță de ghimbir măcinat

20 ml/4 lingurite garam masala

1,5 ml/¼ linguriță piper cayenne

Semințe din 4 păstăi verzi de cardamom

15 ml/1 lingură pastă de tomate (paste)

750 ml/1¼ pct/3 căni de apă clocotită

7,5 ml/1½ linguriță sare

Frunze de coriandru tocate, pentru ornat

Puneți ghee, untul sau margarina într-o caserolă de 1,75 litri, 3 pt/7½ cani (cuptor olandez). Fierbinte, neacoperită, umplută timp de 1 minut. Se amestecă ceapa și usturoiul, apoi se transferă pe o farfurie și se fierbe timp de 3 minute. Acoperiți toate celelalte ingrediente cu o farfurie și gătiți timp de 15 minute, amestecând de patru ori. Se lasa 3 minute. Dacă este prea groasă pentru gustul personal, subțiază-l cu puțină apă clocotită. Inainte de servire se pufeaza cu o furculita si se orneaza cu coriandru.

Dhal cu ceapă și roșii

6-7

3 cepe

50 g ghee, unt sau margarina

1-2 căței de usturoi, zdrobiți

225 g/8 oz/11/3 cani de linte portocalie, clătită bine

3 rosii, cu coaja alba, curatate si tocate

5 ml/1 linguriță de turmeric

5 ml/1 lingurita boia de ardei

2,5 ml/½ linguriță de ghimbir măcinat

20 ml/4 lingurite garam masala

1,5 ml/¼ linguriță piper cayenne

Semințe din 4 păstăi verzi de cardamom

15 ml/1 lingură pastă de tomate (paste)

750 ml/1¼ pct/3 căni de apă clocotită

7,5 ml/1½ linguriță sare

1 ceapă roșie mare, feliată subțire

10 ml/2 lingurite ulei de floarea soarelui sau de porumb

Toacă mărunt 1 ceapă, restul se toacă. Puneți ghee, untul sau margarina într-o caserolă de 1,75 litri, 3 pt/7½ cani (cuptor olandez). Fierbinte, neacoperită, umplută timp de 1 minut. Amestecați ceapa și usturoiul tocate mărunt, apoi transferați pe o farfurie și gătiți timp de 3 minute. Se amestecă toate celelalte ingrediente, se acoperă cu o farfurie și se fierbe timp de 15 minute, amestecând de patru ori. Se lasa 3 minute. Dacă este prea groasă pentru gustul personal, subțiază-l cu puțină apă clocotită. Ceapa feliată se taie rondele și se prăjește în ulei în mod tradițional până se rumenește și devine crocantă (prăjită). Înainte de servire, înțepați dhal-ul cu o furculiță și ornați cu rondele de ceapă. (Ca alternativă, puteți omite ceapa feliată și puteți decora cu ceapă prăjită gata preparată disponibilă în magazinele alimentare.)

Legume Madras

Server 4

25 g/1 oz/2 linguri ghee sau 15 ml/1 lingura ulei de arahide (ulei de

arahide)

1 ceapa, curatata si tocata

1 praz, tăiat și tocat mărunt

2 catei de usturoi, macinati

15 ml/1 lingură de pudră de curry fierbinte

5 ml/1 linguriță chimen măcinat

5 ml/1 linguriță garam masala

2,5 ml/½ linguriță turmeric

Suc de 1 lămâie mică

150 ml/¼ buc./2/3 cană supă de legume

30 ml/2 linguri pasta de tomate (paste)

147

30 ml/2 linguri caju prăjite

450 g/1 lb legume rădăcinoase fierte, tăiate cubulețe

175 g/6 oz/¾ cană orez brun, fiert

Popadoms, a servi

Puneți ghee sau ulei într-o cratiță de 2,5 litri/4½ pt/11 cani. Fierbinte, neacoperită, umplută timp de 1 minut. Adăugați ceapa, prazul și usturoiul și amestecați bine. Gatiti descoperit timp de 3 minute. Adăugați curry, chimen, garam masala, turmeric și sucul de lămâie. Gatiti descoperit timp de 3 minute, amestecand de doua ori. Adăugați bulion, pasta de roșii și caju. Acoperiți cu o farfurie răsturnată și gătiți timp de 5 minute. Se amestecă legumele, se acoperă ca înainte și se încălzește timp de 4 minute. Serviți cu orez brun și popadoms.

Curry de legume amestecat

Porţi 6

1,6 kg de legume amestecate, precum ardei roşu sau verde; dovlecel

(dovlecel); vinete decojite; morcov; cartofi; varza de Bruxelles sau

broccoli; ceapă; praz

30 ml/2 linguri ulei de arahide sau de porumb

2 catei de usturoi, macinati

60 ml/4 linguri pasta de tomate (paste)

45 ml/3 linguri garam masala

30 ml/2 linguri pudră de curry uşoară, medie sau fierbinte

5 ml/1 lingurita coriandru macinat (coriandru)

5 ml/1 linguriţă chimen măcinat

15 ml/1 lingura de sare

1 frunză mare de dafin

149

400 g/14 oz/1 cutie mare de roșii tocate

15 ml/1 lingură de zahăr din trestie (super).

150 ml/¼ pt/2/3 cană apă clocotită

250g/9oz/cană 1 cană orez basmati sau cu bob lung, fiert

Iaurt natural gros, pentru servire

Pregătiți toate legumele după tip. Tăiați în cuburi mici sau felii dacă este necesar. Puneți într-un vas adânc de 2,75 litri/5 pt/12 cani. Se amestecă toate celelalte ingrediente, cu excepția apei clocotite și a orezului. Acoperiți cu o farfurie mare și gătiți timp de 25-30 de minute, amestecând de patru ori, până când legumele sunt fragede, dar încă ferme. Scoateți frunza de dafin, amestecați apa și asezonați după gust – curry-ul poate avea nevoie de puțină sare. Se serveste cu orez si un bol cu iaurt natural gros.

Jelly salata mediteraneana

Porți 6

300 ml/½ bucată/1¼ cană bulion de legume rece sau bulion de legume

15 ml/1 lingură porțelan

45 ml/3 linguri suc de rosii

45 ml/3 linguri vin rosu

1 ardei gras verde, fara samburi si taiat fasii

2 rosii, albite, curatate de coaja si tocate

30 ml/2 linguri capere scurse

50 g/2 oz/¼ cană castraveți mărunțiți

12 măsline umplute, feliate

10 ml/2 lingurite sos de hamsii

Turnați 45 ml/3 linguri de bulion sau de legume într-un castron. Se amestecă gelatina, se lasă 5 minute să se înmoaie. Odată dezghețat, dezghețați descoperit timp de 2-2½ minute. Se amestecă restul bulionului în sucul de roşii şi vinul. Odată ce se răceşte, se acoperă şi se dă la frigider până începe să se îngroaşe şi să se întărească. Puneti fasiile de ardei intr-un bol si turnati peste ele apa clocotita. Lăsaţi 5 minute să se înmoaie, apoi clătiţi. Amestecaţi roşiile şi fâşiile de ardei cu toate celelalte ingrediente în jeleul congelat. Transferaţi într-o formă sau un bol de jeleu umed de 1,25 litri/2¼ pt/5½ cană. Se acoperă şi se dă la frigider câteva ore până se fixează. Pentru a servi, scufundaţi forma sau bolul în bol şi scufundaţi-l în apă fierbinte pentru a se slăbi, apoi fierbinte, treceţi uşor un cuţit umed în jurul părţilor laterale. Se intoarce pe o farfurie umeda inainte de servire.

Salată grecească cu jeleu

Porţi 6

Fă-o ca salata mediteraneană cu jeleu, dar lasă deoparte caperele şi cornişii. Se adauga 125 g branza feta tocata marunt si 1 ceapa tocata marunt. Înlocuiţi măslinele negre fără sâmburi cu măsline fără sâmburi.

Salată rusească cu jeleu

Porţi 6

Pregăteşte-te ca şi pentru Salata Jelly Mediterranean, dar înlocuieşte 90 ml/6 linguri de maioneză cu suc de roşii şi vin şi 225g/8oz/2 căni de morcovi şi cartofi tăiaţi cubuleţe pentru roşii şi ardei. Adăugaţi 30 ml/2 linguri de fasole fiartă.

Salată de guli-rave cu maioneză de muștar

Porți 6

900 g/2 lb guli-rabe

75 ml/5 linguri de apă clocotită

5 ml/1 lingurita de sare

10 ml/2 lingurite suc de lamaie

60-120 ml/4-6 linguri maioneza groasa

10-20 ml/2-4 linguri muștar integral

Ridichi feliate, pentru decor

Varza se curăță groasă, se spală bine și se taie fiecare cap în opt părți. Puneți în 1,25 litri/3 pt/7½ căni de apă, sare și suc de lămâie. Acoperiți cu folie (folie de plastic) și tăiați de două ori pentru a elibera aburul. Gatiti 10-15 minute, intoarcendu-se de trei ori, pana se inmoaie. Scurgeți, feliați sau cubulețe și puneți într-un bol de mixare. Se amestecă maiaua și muștarul și se aruncă guli-rabe până când bucățile sunt bine acoperite. Se aseaza intr-un bol si se orneaza cu felii de ridichi.

Plăcintă cu sfeclă roșie, țelină și mere

Porți 6

60 ml/4 linguri apă rece

15 ml/1 lingură porțelan

225 ml/8 fl oz/1 cană de cidru

30 ml/2 linguri de otet de zmeura

5 ml/1 lingurita de sare

225g/8oz de sfeclă roșie fiartă (nu murată), rasă grosier

1 măr alimentar (desert), decojit și ras grosier

1 baton de telina, taiat in betisoare subtiri

1 ceapa mica, tocata marunt

Turnați 45 ml/3 linguri de apă rece într-un castron mic și amestecați gelatina, lăsați 5 minute să se înmoaie. Odată dezghețat, dezghețați descoperit timp de 2-2½ minute. Amestecați apa rece rămasă cu sucul de mere, oțetul și sarea. Odată ce se răcește, se acoperă și se dă la frigider până începe să se îngroașe și să se întărească. Adaugati sfecla rosie, merele, telina si ceapa intr-o portie de jeleu si amestecati usor pana se incorporeaza complet. Se toarnă în șase căni mici umede, apoi se acoperă și se dă la frigider până când este ferm și ferm. Scoateți discuri individuale.

Cupe Waldorf simulate

Porți 6

Procedați la fel ca în bolul cu sfeclă roșie, țelină și mere, dar adăugați 30 ml/2 linguri de nuci mărunțite la legume și măr.

Salată de țelină cu usturoi, maioneză și fistic

Porți 6

900 g țelină (rădăcină de țelină)
300 ml/½ buc./1¼ cană apă rece
15 ml/1 lingură suc de lămâie
7,5 ml/1½ linguriță sare
1 cățel de usturoi, presat

155

45 ml/3 linguri fistic tocat grosier

60-120 ml/4-8 linguri maioneza groasa

Frunze de radicchio și fistic întregi, pentru ornat

Curățați țelina gros, spălați-o bine și tăiați fiecare cap în opt bucăți. Puneți într-o oală de 2,25 litri/4 pt/10 cani cu apă, suc de lămâie și sare. Acoperiți cu folie (folie de plastic) și tăiați de două ori pentru a elibera aburul. Gătiți complet timp de 20 de minute, întorcând oala de patru ori. Scurgeți și feliați, apoi puneți într-un bol de mixare. Se adauga usturoiul si fisticul tocat. Cât este încă fierbinte, turnați maioneză peste el până când bucățile de țelină sunt bine acoperite. Transferați într-un bol de servire. Se ornează cu frunze de radicchio și fistic înainte de servire, de preferință cât sunt încă puțin calde.

Salată continentală de țelină

Server 4

O colecție de arome delicioase și împlinitoare fac această salată de Crăciun pentru curcan rece și gammon.

750 g țelină (rădăcină de țelină)

75 ml/5 linguri de apă clocotită

5 ml/1 lingurita de sare

10 ml/2 lingurite suc de lamaie

Pentru codul vestimentar:

30 ml/2 linguri ulei de porumb sau floarea soarelui

15 ml/1 lingură de malț sau oțet de mere

15 ml/1 lingura de mustar

2,5 până la 5 ml/½ până la 1 linguriță de chimen

1,5 ml/¼ linguriță sare

5 ml/1 lingurita zahar din trestie (foarte delicios).

Piper negru proaspăt măcinat

Curățați țelina groasă și tăiați-o în cuburi mici. Puneți într-un vas de 1,75 litri/3-pt/7½ cani. Adăugați apă clocotită, sare și zeama de lămâie. Acoperiți cu folie (folie de plastic) și tăiați de două ori pentru a elibera aburul. Gatiti 10-15 minute, intoarcendu-se de trei ori, pana se inmoaie. Canal. Amestecați bine toate celelalte ingrediente. Adăugați țelina fierbinte și amestecați bine. Acoperiți și lăsați să se răcească. Se serveste la temperatura camerei.

Salata de telina cu bacon

Server 4

Se prepară la fel ca salata continentală de țelină, dar în același timp cu dressingul, se adaugă 4 felii de slănină, la grătar (prăjit) până devine crocantă și mărunțită.

Salata de anghinare cu ardei si oua cu dressing cald

Porți 6

400g/14oz/1 inimioare mari de anghinare, scurse

400g/14oz/1 cutie mare pimiento roșu, scurs

10 ml/2 lingurițe oțet de vin roșu

60 ml/4 linguri suc de lamaie

125 ml/½ cană ulei de măsline

1 cățel de usturoi, presat

5 ml/1 linguriță muștar continental

5 ml/1 lingurita de sare

5 ml/1 lingurita zahar din trestie (foarte delicios).

4 oua mari fierte tari (fierte tari), curatate de coaja si ras

225 g/8 oz/2 căni de brânză feta, tăiată cubulețe

Tăiați anghinarea în jumătate și tăiați ardeii fâșii. Aranjați-le alternativ în jurul unui platou mare, lăsând o gaură în mijloc. Pune într-un castron mic oțetul, sucul de lămâie, uleiul, usturoiul, muștarul, sarea și zahărul. Se încălzește descoperit timp de 1 minut, amestecând de două ori. Așezați oul și brânza într-o grămadă în centrul salatei și turnați cu grijă dressingul fierbinte peste el.

Umplutura de salvie si ceapa

225-275g/8-10oz/11/3-12/3 cesti

Pentru carnea de porc.

25 g/1 oz/2 linguri unt sau margarină
2 cepe, prefierte (vezi tabelul de la pagina 45), tocate
125 g/4 oz/2 căni de pesmet alb sau maro
5 ml/1 linguriță salvie uscată
Puțină apă sau lapte
Sare și piper negru proaspăt măcinat

Pune untul sau margarina într-un vas de 1 litru/1¾-pt/4¼-cup. Fierbinte, neacoperită, umplută timp de 1 minut. Se amestecă ceapa, se gătește neacoperit timp de 3 minute, amestecând în fiecare minut. Amestecați pesmetul și salvia cu suficientă apă sau lapte pentru a obține o textură sfărâmicioasă. Asezonați după gust. Folosiți rece.

Umplutură de țelină și pesto

225-275g/8-10oz/11/3-12/3 cesti

Pentru pește și păsări de curte.

Se prepară la fel ca umplutura de salvie și ceapă, dar înlocuiește ceapa cu 2 tulpini de țelină tăiate mărunt. Înainte de condiment, amestecați 10 ml/2 lingurițe de pesto verde.

Umplutură de ceapă verde și roșii

225-275g/8-10oz/11/3-12/3 cesti

Pentru carne si pasare.

25 g/1 oz/2 linguri unt sau margarină
2 praz, doar partea albă, feliate foarte subțire
2 rosii, albite, curatate de coaja si tocate
125 g/4 oz/2 căni de pesmet alb proaspăt
Sare și piper negru proaspăt măcinat

Poate bulion de pui

Pune untul sau margarina într-un vas de 1 litru/1¾-pt/4¼-cup.
Fierbinte, neacoperită, umplută timp de 1 minut. Se amestecă prazul.
Gatiti descoperit timp de 3 minute, amestecand de trei ori. Se amestecă
roșiile și pesmetul și se gustă. Dacă este necesar, legați-l. cu stoc.
Folosiți rece.

Umplutura de bacon

225-275g/8-10oz/11/3-12/3 cesti

Pentru carne, pasare si peste puternic aromat.

4 felii (felii) de slănină striată, tocate mărunt
25 g/1 oz/2 linguri de unt, margarină sau grăsime
125 g/4 oz/2 căni de pesmet alb proaspăt
5 ml/1 linguriță sos Worcestershire
5 ml/1 linguriță de muștar preparat
2,5 ml/½ linguriță amestec de plante uscate
Sare și piper negru proaspăt măcinat
Lapte dacă este necesar

Puneți baconul într-o cratiță de 1 litru/1¾-pt/4¼ cană cu untul,
margarina sau scurtarea. Gatiti descoperit timp de 2 minute,
amestecand o data. Se amestecă cu pesmet, sosul Worcestershire,
muștar și ierburi și gust. Dacă este necesar, legați-l. cu lapte.

Umplutura de Bacon-Piersici

225-275g/8-10oz/11/3-12/3 cesti

Pentru păsări de curte și vânat

Faceți acest lucru ca umplutura de slănină, dar adăugați 6 jumătăți bine spălate și tăiate grosier la ierburi.

Umplutura de ciuperci, lamaie si cimbru

225-275g/8-10oz/11/3-12/3 cesti

Pentru păsări de curte.

25 g/1 oz/2 linguri unt sau margarină
125 g ciuperci, feliate
5 ml/1 linguriță coajă de lămâie rasă fin
2,5 ml/½ linguriță de cimbru uscat
1 cățel de usturoi, presat
125 g/4 oz/2 căni de pesmet alb proaspăt
Sare și piper negru proaspăt măcinat
Lapte dacă este necesar

Pune untul sau margarina într-un vas de 1 litru/1¾-pt/4¼-cup.
Fierbinte, neacoperită, umplută timp de 1 minut. Se amestecă
ciupercile. Gatiti descoperit timp de 3 minute, amestecand de doua ori.
Se amestecă coaja de lămâie, cimbru, usturoi și pesmet și gustă.
Adăugați lapte numai dacă umplutura este pe partea uscată. Folosiți
rece.

Umplutura cu ciuperci si praz

225-275g/8-10oz/11/3-12/3 cesti

Pentru carne de pasare, legume si peste.

25 g/1 oz/2 linguri unt sau margarină
1 praz, doar partea albă, feliat foarte subțire
125 g ciuperci, feliate
125 g/4 oz/2 căni de pesmet maro proaspăt
30 ml/2 linguri patrunjel tocat
Sare și piper negru proaspăt măcinat
Lapte dacă este necesar

Pune untul sau margarina într-un vas de 1,25 litri/2¼ pt/5½ cani.
Fierbinte, neacoperită, umplută timp de 1 minut. Se amestecă prazul.
Gatiti descoperit timp de 2 minute, amestecand o data. Se amestecă
ciupercile. Gatiti descoperit timp de 2 minute, amestecand de doua ori.
Se amestecă pesmetul și pătrunjelul și se gustă. Adăugați lapte numai
dacă umplutura este pe partea uscată. Folosiți rece.

163

Umplutură de șuncă și ananas

225-275g/8-10oz/11/3-12/3 cesti

Pentru păsări de curte.

25 g/1 oz/2 linguri unt sau margarină
1 ceapa, tocata marunt
1 inel de ananas proaspăt, îndepărtați pielea și tocați pulpa
75 g/3 oz/¾ cană șuncă fiartă, tăiată cubulețe
125 g/4 oz/2 căni de pesmet alb proaspăt
Sare și piper negru proaspăt măcinat

Pune untul sau margarina într-un vas de 1 litru/1¾-pt/4¼-cup. Fierbinte, neacoperită, umplută timp de 1 minut. Se amestecă ceapa și se gătește, descoperită, timp de 2 minute, amestecând o dată. Se amestecă ananasul și șunca, apoi se gătesc neacoperit timp de 2 minute, amestecând de două ori. Presărați pesmetul peste și asezonați după gust. Folosiți rece.

Umplutură asiatică de ciuperci și caju

225-275g/8-10oz/11/3-12/3 cesti

Pentru pasari si peste.

25 g/1 oz/2 linguri unt sau margarină
6 ceapa primavara (ceapa), tocata marunt
125 g ciuperci, feliate
125 g/4 oz/2 căni de pesmet maro proaspăt
45 ml/3 linguri caju, prăjite
30 ml/2 linguri frunze de coriandru (coriandru).
Sare și piper negru proaspăt măcinat
Poate sos de soia

Pune untul sau margarina într-un vas de 1,25 litri/2¼ pt/5½ cani. Fierbinte, neacoperită, umplută timp de 1 minut. Se amestecă ceapa și se gătește, descoperită, timp de 2 minute, amestecând o dată. Se amestecă ciupercile. Gatiti descoperit timp de 2 minute, amestecand de doua ori. Se amestecă cu pesmet, caju și coriandru și gust. Adăugați puțin sos de soia dacă umplutura este pe partea uscată. Folosiți rece.

Umplutură de șuncă și morcovi

225-275g/8-10oz/11/3-12/3 cesti

Pentru păsări de curte, miel și vânat.

Fă-o la fel ca umplutura de șuncă și ananas, dar înlocuiește 2 morcovi rasi cu ananas.

Umplutură de șuncă, banane și porumb

225-275g/8-10oz/11/3-12/3 cesti

Pentru păsări de curte.

Pregătiți-l în același mod ca umplutura de șuncă și ananas, dar înlocuiți 1 banană mică, aproximativ piure, cu ananas. Adăugați 30 ml/2 linguri de porumb la pesmet.

umplutură italiană

225-275g/8-10oz/11/3-12/3 cesti

Pentru miel, pasare si peste.

30 ml/2 linguri ulei de măsline

1 catel de usturoi

1 frunza de telina, tocata

2 roșii albite, curăţate și tăiate grosier

12 măsline negre fără sâmburi, tăiate la jumătate

10 ml/2 lingurita frunze de busuioc tocate

125 g/4 oz/2 căni de pâine italiană proaspătă mărunţilă, cum ar fi

ciabatta

Sare și piper negru proaspăt măcinat

Pune uleiul de măsline într-o cratiţă de 1 litru/1¾ pt/4¼ cană. Fierbinte, neacoperită, umplută timp de 1 minut. Se amestecă usturoiul și ţelina. Gatiti descoperit timp de 2½ minute, amestecand o data. Se amestecă toate celelalte ingrediente și se serveşte rece.

225-275g/8-10oz/11/3-12/3 cesti

Puternic pentru pește și păsări de curte.

Pregătiți ca pentru umplutura italiană, dar înlocuiți măslinele tăiate în jumătate cu măsline negre fără sâmburi. Folosiți pesmet alb obișnuit în loc de pesmet italian și adăugați 30 ml/2 linguri migdale fulgi (măcinate) și prăjite.

Umplutură de portocale și coriandru

Randament: 175 g/6 oz/1 cană

Pentru carne si pasare.

25 g/1 oz/2 linguri unt sau margarină
1 ceapa mica, tocata marunt
125 g/4 oz/2 căni de pesmet alb proaspăt
Coaja rasa fin si zeama de la 1 portocala
45 ml/3 linguri frunze de coriandru tocate mărunt
Sare și piper negru proaspăt măcinat
Lapte dacă este necesar

Pune untul sau margarina într-un vas de 1 litru/1¾-pt/4¼-cup. Fierbinte, neacoperită, umplută timp de 1 minut. Se amestecă ceapa și se găteşte, neacoperită, timp de 3 minute, amestecând o dată. Se amestecă pesmeturile, coaja şi sucul de portocală şi coriandru (cilantro) şi gustă. Adăugaţi lapte numai dacă umplutura este pe partea uscată. Folosiţi rece.

Umplutură de lime şi coriandru

175 g / 6 oz / 1 cană

Pentru peşte.

Faceţi-o la fel ca umplutura de portocale şi coriandru, dar înlocuiţi portocala cu coaja rasă şi sucul de la 1 lămâie.

Umplutură de portocale și caise

275g/10oz/12/3 cesti

Bogat pentru carne și pasăre.

125 g/4 oz caise uscate, spălate
Ceai negru fierbinte
25 g/1 oz/2 linguri unt sau margarină
1 ceapa mica, tocata marunt
5 ml/1 lingurita coaja de portocala rasa fin
Suc de 1 portocală
125 g/4 oz/2 căni de pesmet alb proaspăt
Sare și piper negru proaspăt măcinat

Înmuiați caisele în ceai fierbinte pentru cel puțin 2 ore. Scurgeți și tăiați în bucăți mici cu foarfecele. Pune untul sau margarina într-un vas de 1,25 litri/2¼ pt/5½ cani. Fierbinte, neacoperită, umplută timp de 1 minut. Adăugați ceapa. Gatiti descoperit timp de 2 minute, amestecand o data. Se amestecă toate celelalte ingrediente, inclusiv caisele. Folosiți rece.

Măr, stafide, umplutură cu nuci

275g/10oz/12/3 cesti

Pentru carne de porc, miel, rață și gâscă.

25 g/1 oz/2 linguri unt sau margarină
1 măr alimentar (desert), curățat, tăiat în sferturi, fără miez și tocat
1 ceapa mica, tocata marunt
30 ml/2 linguri de stafide
30 ml/2 linguri nuci măcinate
5 ml/1 lingurita zahar din trestie (foarte delicios).
125 g/4 oz/2 căni de pesmet alb proaspăt
Sare și piper negru proaspăt măcinat

Pune untul sau margarina într-un vas de 1,25 litri/2¼ pt/5½ cani. Fierbinte, neacoperită, umplută timp de 1 minut. Se amestecă mărul și ceapa și se gătesc descoperit timp de 2 minute, amestecând o dată. Se amestecă toate celelalte ingrediente și se servește rece.

Umplutură pentru mere, prune uscate și nuci braziliene

275g/10oz/12/3 cesti

Pentru miel și curcan.

Se prepară ca pentru umplutura cu mere, stafide și nucă, dar se adaugă stafidele cu 8 prune aspre (sămânțate) și mărunțite și 30ml/2 linguri. nuci de Brazilia feliate subtiri.

Umplutura cu mere, curmale si alune

275g/10oz/12/3 cesti

Pentru miel și vânat.

Faceți la fel ca umplutura cu mere, stafide și nucă, dar înlocuiți 45 ml/3 linguri curmale tocate cu stafide și 30 ml/2 linguri alune prăjite și măcinate pentru nuci.

Umplutură de usturoi, rozmarin și lămâie

175 g / 6 oz / 1 cană

Pentru carne de miel si porc.

25 g/1 oz/2 linguri unt sau margarină

2 catei de usturoi, macinati

Coaja rasă de 1 lămâie mică

5 ml/1 linguriță rozmarin uscat, zdrobit

15 ml/1 lingura patrunjel tocat

125 g/4 oz/2 căni de pesmet proaspăt alb sau maro

Sare și piper negru proaspăt măcinat

Lapte sau vin roșu uscat dacă este necesar

Pune untul sau margarina într-un vas de 1 litru/1¾-pt/4¼-cup. Fierbinte, neacoperită, umplută timp de 1 minut. Se amestecă usturoiul și coaja de lămâie și se încălzește, neacoperit, timp de 30 dc secunde. Amestecați și amestecați rozmarinul, pătrunjelul și pesmetul, apoi condimentați după gust. Se subțiază puțin cu lapte sau vin dacă umplutura este pe partea uscată. Folosiți rece.

Umplutură de usturoi, rozmarin și lămâie cu parmezan

175 g / 6 oz / 1 cană.

Pentru carne de vită.

Se prepară la fel ca umplutura cu usturoi, rozmarin și lămâie, dar se adaugă 45 ml/3 linguri de parmezan ras.

Umplutură de pește și crustacee

275g/10oz/12/3 cesti

Pentru peste si legume.

25 g/1 oz/2 linguri unt sau margarină
125 g/4 oz/1 cană de creveți întregi (creveți)
5 ml/1 linguriță coajă de lămâie rasă fin
125 g/4 oz/2 căni de pesmet alb proaspăt
1 ou, batut
Sare și piper negru proaspăt măcinat
Lapte dacă este necesar

Pune untul sau margarina într-un vas de 1 litru/1¾-pt/4¼-cup. Fierbinte, neacoperită, umplută timp de 1 minut. Se amestecă creveții, coaja de lămâie, pesmetul și oul și se gustă. Adăugați lapte numai dacă umplutura este pe partea uscată. Folosiți rece.

275g/10oz/12/3 cesti

Pentru păsări de curte.

Pregătiți ca pentru umplutura cu fructe de mare, dar înlocuiți creveții cu 75g/3oz/¾ cană de șuncă de Parma tocată grosier.

Umplutură cu carne de cârnați

275g/10oz/12/3 cesti

Pentru carne de pasăre și porc.

25 g/1 oz/2 linguri unt sau margarină
225 g/8 oz/1 cană cârnați de porc sau vită
1 ceapa mica, rasa
30 ml/2 linguri patrunjel tocat marunt
2,5 ml/½ linguriță pudră de muștar
1 ou, batut

Pune untul sau margarina într-un vas de 1 litru/1¾-pt/4¼-cup. Fierbinte, neacoperită, umplută timp de 1 minut. Se amestecă carnea de cârnați și ceapa. Gatiti, neacoperit, timp de 4 minute, amestecand in fiecare minut pentru ca carnea de carnati sa se rupa bine. Se amestecă toate celelalte ingrediente și se servește rece.

Umplutură de carne și ficat de cârnați

275g/10oz/12/3 cesti

Pentru păsări de curte.

Pregătiți-l la fel ca umplutura de carne de cârnați, dar reduceți greutatea cărnii de cârnați la 175 g. Adăugați 50 g de ficat de pui tocat grosier cu carne de cârnați și ceapă.

Umpleți cu carne de cârnați și porumb

275g/10oz/12/3 cesti

Pentru păsări de curte.

Se prepară ca pentru umplutura de cârnați, dar la sfârșitul timpului de gătire se amestecă 30-45ml/2-3 linguri de porumb fiert.

Carne de cârnați și umplutură de portocale

275g/10oz/12/3 cesti

Pentru păsări de curte.

Se prepară la fel ca umplutura de cârnați, dar la sfârșitul timpului de gătire adăugați 5-10 ml/1-2 lingurițe de coajă de portocală rasă fin

Umplutura de castane cu ou

350 g / 12 oz / 2 căni

Pentru păsări de curte.

125g castane uscate, inmuiate in apa peste noapte si apoi scurse
25 g/1 oz/2 linguri unt sau margarină
1 ceapa mica, rasa
1,5 ml/¼ linguriță nucşoară măcinată
125 g/4 oz/2 căni de pesmet maro proaspăt
5 ml/1 lingurita de sare
1 ou mare, batut
15 ml/1 lingură smântână dublă (grea).

Puneţi castanele într-o tavă de 1,25 litri/2¼ pt/5½ cani (cuptor olandez) şi acoperiţi cu apă clocotită. Se lasa 5 minute. Acoperiţi cu folie (folie de plastic) şi tăiaţi de două ori pentru a elibcra aburul. Gatiti 30 de minute pana cand castanele sunt moi. Se scurge si se lasa sa se raceasca. Tăiate în bucăţi mici. Pune untul sau margarina într-un vas de 1,25 litri/2¼ pt/5½ cani. Fierbinte, neacoperită, umplută timp de 1 minut. Adăugaţi ceapa. Gatiti descoperit timp de 2 minute, amestecand o data. Se amestecă castanele, nucşoara, pesmetul, sarea şi oul şi apoi se amestecă cu smântâna. Folosiţi rece.

Umplutura de castane si afine

350 g / 12 oz / 2 căni

Pentru păsări de curte.

Se prepară la fel ca umplutura de ou-castane, dar în loc de ouă acoperiți umplutura cu 30-45 ml/2-3 linguri de sos de merișoare. Adăugați puțină smântână dacă umplutura este pe partea uscată.

Umplutură cremoasă de castane

900 g / 2 lbs / 5 cesti

Pentru pasari si peste.

50 g/2 oz/¼ cană de unt, margarină sau slănină
1 ceapă, rasă
500 g/1 lb 2 oz/2¼ cană cutie de pastă de castane neîndulcită
225 g/8 oz/4 căni de pesmet alb proaspăt
Sare și piper negru proaspăt măcinat
2 oua, batute
Lapte dacă este necesar

Pune untul, margarina sau scurtarea într-un vas de 1¾ litru/3 pt/7½ cană. Fierbinte, neacoperită, timp de 1 minut și jumătate. Adăugați ceapa. Gatiti descoperit timp de 2 minute, amestecand o data. Amesteca bine piureul de castane, pesmet, sare si piper dupa gust si oul. Adăugați lapte numai dacă umplutura este pe partea uscată. Folosiți rece.

Umplutură cremoasă de castane și cârnați

900 g / 2 lbs / 5 cesti

Procedați la fel ca pentru umplutura cremoasă de castane, dar înlocuiți 250g/9oz/bogată 1 cană de carne de cârnați cu jumătate din piureul de castane.

Umplutura cremoasa de castane cu castane intregi

900 g / 2 lbs / 5 cesti

Pentru păsări de curte.

Se prepară la fel ca umplutura cremoasă de castane, dar se adaugă pesmetului 12 castane fierte și zdrobite.

Umplutura de castane cu patrunjel si cimbru

675 g/1 ½ lbs/4 cesti

Pentru curcan și pui.

15 ml/1 lingura de unt sau margarina

5 ml/1 lingurita ulei de floarea soarelui

1 ceapa mica, tocata marunt

1 căţel de usturoi, presat

50 g/2 oz/1 cană amestec uscat de umplutură de pătrunjel şi cimbru

440 g/15½ oz/2 căni de pastă de castane, neîndulcită

150 ml/¼ pt/2/3 cană apă fierbinte

Coaja rasa fin de la 1 lamaie

1,5-2,5 ml/¼-½ linguriţă sare

Pune untul sau margarina şi uleiul într-un castron de 1,25 litri/2¼ pt/5½ cană. Cald, neacoperit, plin timp de 25 de secunde. Adăugaţi ceapa şi usturoiul. Gatiti descoperit timp de 3 minute. Adăugaţi amestecul uscat de umplutură şi amestecaţi bine. Gatiti descoperit timp de 2 minute, amestecand de doua ori. Scoateţi din cuptorul cu microunde. Piureul de castane se amestecă alternativ cu apa fierbinte până se omogenizează. Se amestecă coaja de lămâie şi sare după gust. Folosiţi rece.

Umplutura de castane cu Gammon

675 g/1½ lbs/4 cesti

Pentru curcan şi pui.

Se pregateste ca pentru umplutura de patrunjel si castane de cimbru, dar adauga 75g gammon tocat cu coaja de lamaie si sare.

Umplutură de ficat de pui

350 g / 12 oz / 2 căni

Pentru păsări de curte și vânat.
125 g/4 oz/2/3 cană ficat de pui

25 g/1 oz/2 linguri unt sau margarină

1 ceapă, rasă

30 ml/2 linguri patrunjel tocat marunt

1,5 ml/¼ linguriță măcinată universal

125 g/4 oz/2 căni de pesmet proaspăt alb sau maro

Sare și piper negru proaspăt măcinat

Poate bulion de pui

Spălați ficatul și uscați-l pe hârtie de bucătărie. Tăiate în bucăți mici. Pune untul sau margarina într-un vas de 1,25 litri/2¼ pt/5½ cani. Fierbinte, neacoperită, umplută timp de 1 minut. Adăugați ceapa. Gatiti descoperit timp de 2 minute, amestecand o data. Adăugați ficații. Gatiti descoperit in timp ce se dezgheta timp de 3 minute, amestecand de trei ori. Se amestecă pătrunjelul, ierburile și pesmetul și se gustă. Leagă-l cu puțin bulion dacă umplutura este pe partea uscată. Folosiți rece.

Umplutură de ficat de pui cu nuci pecan și portocale

350 g / 12 oz / 2 căni

Pentru păsări de curte și vânat.

Se prepară la fel ca umplutura de ficat de pui, dar se adaugă 30 ml/2 lingurițe nuci pecan zdrobite și 5 ml/1 linguriță coajă de portocală rasă fin, cu coajă.

Umplutură cu nuci triple

350 g / 12 oz / 2 căni

Pentru carne de pasăre și carne.

15 ml/1 lingura ulei de susan

1 cățel de usturoi, presat

125 g alune măcinate fin

125 g/4 oz/2/3 cană nuci măcinate fin

125 g migdale măcinate fin

Sare și piper negru proaspăt măcinat

1 ou, batut

Se toarnă uleiul într-o oală destul de mare. Fierbinte, neacoperită, umplută timp de 1 minut. Adăugați usturoiul. Gatiti descoperit timp de 1 minut. Se amestecă toate nucile și se gustă. Se amestecă cu oul. Folosiți rece.

Umplutura de cartofi si ficat de curcan

675 g/1½ lbs/4 cesti

Pentru păsări de curte.

450 g/1 lb cartofi făinați

25 g/1 oz/2 linguri unt sau margarină

1 ceapa, tocata

2 felii (felii) de slănină striată, tăiate mărunt

5 ml/1 linguriță amestec de plante uscate

45 ml/3 linguri patrunjel tocat marunt

2,5 ml/½ linguriță de scorțișoară măcinată

2,5 ml/½ linguriță de ghimbir măcinat

1 ou, batut

Sare și piper negru proaspăt măcinat

Gătiți cartofii așa cum este descris pentru cartofii cu smântână, dar folosiți doar 60 ml/4 linguri de apă. Scurgeți și pasați. Pune untul sau margarina într-un vas de 1,25 litri/2¼ pt/5½ cani. Fierbinte, neacoperită, umplută timp de 1 minut. Se amestecă ceapa și baconul, apoi se gătesc neacoperit timp de 3 minute, amestecând de două ori. Se amestecă toate celelalte ingrediente, inclusiv cartofii, și se condimentează după gust. Folosiți rece.

Umplutura de orez cu ierburi

450g/1lb/22/3 cesti

125 g/4 oz/2/3 cană de orez cu bob lung, ușor fiert

250 ml/8 fl oz/1 cană apă clocotită

2,5 ml/½ linguriță de sare

25 g/1 oz/2 linguri unt sau margarină

1 ceapa mica, rasa

5 ml/1 lingurita patrunjel tocat

5 ml/1 linguriță frunze de coriandru

5 ml/1 linguriță salvie

5 ml/1 lingurita frunze de busuioc

Gatiti orezul conform instructiunilor cu apa si sare. Pune untul sau margarina într-un vas de 1,25 litri/2¼ pt/5½ cani. Fierbinte, neacoperită, umplută timp de 1 minut. Se amestecă ceapa. Gatiti descoperit timp de 1 minut, amestecand o data. Amestecați orezul și ierburile. Utilizați când este frig.

Umplutură de orez spaniol cu roșii

450g/1lb/22/3 cesti

Pentru păsări de curte.

125 g/4 oz/2/3 cană de orez cu bob lung, uşor fiert

250 ml/8 fl oz/1 cană apă clocotită

2,5 ml/½ linguriţă de sare

25 g/1 oz/2 linguri unt sau margarină

1 ceapa mica, rasa

30 ml/2 linguri de ardei verde tocat

1 rosie, tocata

30 ml/2 linguri măsline umplute tocate

Gatiti orezul conform instructiunilor cu apa si sare. Pune untul sau margarina într-un vas de 1,25 litri/2¼ pt/5½ cani. Fierbinte, neacoperită, umplută timp de 1 minut. Se amestecă ceapa, ardeiul verde, roşiile şi măslinele. Gatiti descoperit timp de 2 minute, amestecand o data. Se amestecă orezul. Folosiţi rece.

Umplutură de orez cu fructe

450g/1lb/22/3 cesti

Pentru păsări de curte.

125 g/4 oz/2/3 cană de orez cu bob lung, uşor fiert

250 ml/8 fl oz/1 cană apă clocotită

2,5 ml/½ linguriță de sare

25 g/1 oz/2 linguri unt sau margarină

1 ceapa mica, rasa

5 ml/1 lingurita patrunjel tocat

6 jumătăți de caise uscate, tocate

6 prune uscate cu seminte, tocate marunt

5 ml/1 lingurita coaja de clementina sau satsuma rasa fin

Gatiti orezul conform instructiunilor cu apa si sare. Pune untul sau margarina într-un vas de 1,25 litri/2¼ pt/5½ cani. Fierbinte, neacoperită, umplută timp de 1 minut. Se amestecă ceapa, pătrunjelul, caisele, prunele şi coaja. Gatiti descoperit timp de 1 minut, amestecand o data. Se amestecă orezul. Folosiți rece.

Umplutură de orez tatăl oriental

450g/1lb/22/3 cesti

Pentru păsări de curte.

Fă-l ca umplutura de orez cu ierburi, dar foloseşte doar coriandru (coriandru). Adăugaţi 6 cutii şi castane feliate şi 30 ml/2 linguri de caju prăjite tocate grosier împreună cu ceapa.

Umplutură delicioasă de orez cu nuci

450g/1lb/22/3 cesti

Pentru păsări de curte.

Fă-l ca umplutura de orez cu ierburi, dar foloseşte doar pătrunjel. Adăugaţi 30 ml/2 linguri de migdale fulgi (tăiate felii) şi prăjite şi 30 ml/2 linguri de arahide sărate la ceapă.

Crocantă de ciocolată

Fa 16

75 g/3 oz/2/3 cană unt sau margarină

30 ml/2 linguri sirop auriu (porumb usor), topit

15 ml/1 lingura pudra de cacao (ciocolata neindulcita), cernuta

45 ml/3 linguri zahăr tos (superfin).

75 g/3 oz/1½ cană fulgi de porumb

Topiți untul sau margarina și siropul fără capac în timpul procesului de decongelare de 2-3 minute. Se amestecă cacao și zahăr. Puneți fulgii de porumb cu o lingură mare de metal și amestecați până când sunt bine acoperiți. Se toarnă într-o tavă de hârtie pentru tort (hârtie de cupcake), se așează pe o masă sau tavă și se da la frigider până se întărește.

Porți 8

Un vis de prăjitură nord-americană, cu o textură ușoară și aerisită și cu o aromă profundă de ciocolată.

100 g/4 oz/1 cană ciocolată simplă (semidulce), ruptă în bucăți

225 g/8 oz/2 căni de făină auto-crescătoare

25 g/1 oz/2 linguri pudră de cacao (ciocolată neîndulcită).

1,5 ml/¼ lingurita de bicarbonat de sodiu (bicarbonat de sodiu)

200 g/7 oz/mic 1 cană de zahăr brun închis, moale

150 g/5 oz/2/3 cană unt sau margarină moale, la temperatura camerei

5 ml/1 linguriță extract de vanilie (concentrat)

2 oua mari, la temperatura camerei

120 ml/4 fl oz/½ cană zară sau 60 ml/4 linguri lapte degresat și iaurt simplu

Bol cu inghetata (bomboane) pentru uscare

Tapetați baza și părțile laterale ale unei forme de suffle adânci, cu diametrul de 20 cm/8, cu fețe drepte, cu folie de aluminiu (folie de plastic). Topiți ciocolata într-un castron mic timp de 3-4 minute și amestecați de două ori. Cerneți făina, cacao și bicarbonatul de sodiu direct în bolul unui robot de bucătărie. Adăugați ciocolata topită la toate celelalte ingrediente și procesați cca. 1 minut sau până când ingredientele sunt bine combinate și amestecul seamănă cu un aluat gros. Se toarnă în recipientul pregătit și se acoperă lejer cu hârtie de bucătărie. Gatiti 9-10 minute, rotind tava de doua ori, pana cand prajitura se ridica la marginea tavii si blatul este acoperit cu bule de aer minuscule sparte si pare destul de uscat. Dacă rămân pete încăpăţânate, gătiţi încă 20-30 de secunde. Se lasa la microunde aproximativ 15 minute (prajitura va cadea putin), apoi se scoate si se lasa sa se raceasca pana se incalzeste putin. Scoateţi-l cu grijă din tavă, ţineţi folia şi puneţi-o pe un grătar pentru a se răci complet. Inainte de servire, desprindeti folia si presarati blatul cu zahar pudra cernut. Depozitaţi într-un recipient etanş.

Prajitura moca

Porţi 8

Faceţi-l ca Tortul Diavolului, dar tăiaţi-l orizontal în trei straturi când este rece. Bateţi 450 ml/¾ pct/2 căni de smântână dublă (grea) sau pentru frişcă până se întăreşte. Se indulcesc cu putin zahar brun cernut dupa gust, apoi se aromatizeaza energic cu cafea neagra rece. Folosiţi o parte din cremă pentru a stivui straturile de tort unul peste altul, apoi rulaţi restul peste partea superioară şi laterală. Se răceşte uşor înainte de servire.

Tort cu mai multe straturi

Porți 8

Faceți-l ca Tortul Diavolului, dar tăiați-l orizontal în trei straturi când este rece. Sandwich cu dulceata de caise, frisca si ciocolata rasa sau crema de ciocolata.

Tort cu cirese din padurea neagra

Porți 8

Se pregateste ca pentru prajitura cu mancarea diavolului, dar cand s-a racit taiem prajitura pe orizontala in trei straturi si umezim pe fiecare cu lichior de cirese. Sandwich cu dulceata de cirese (conserva) sau umplutura de cirese. Bateți 300 ml/½ pt/1¼ cană smântână dublă (grea) sau pentru frișcă până se îngroașă. Se unge partea de sus și părțile laterale ale tortului. Apăsați o fulgi de ciocolată spartă sau ciocolată rasă în lateral, apoi decorați blatul cu cireșe glazurate (confiate) tăiate în jumătate.

Porți 8

Pregăteşte-te ca şi pentru prăjitura cu mâncare a diavolului, dar tăiaţi orizontal în trei straturi când se răceşte şi umeziţi fiecare strat cu lichior de portocale. Sandwich cu dulceata de portocale rasa fin si un strat subtire de martipan (pasta de migdale). Bateţi 300 ml/½ pt/1¼ cană smântână dublă (grea) sau pentru frişcă până se îngroaşă. Se colorează şi se îndulceşte uşor cu 10-15ml/2-3 linguriţe de sirop negru (melasă), apoi se amestecă cu 10ml/2 linguriţe de coajă de portocală rasă, întinsă deasupra şi pe părţile laterale ale prăjiturii.

Tort cu crema de unt de ciocolata

8-10

30 ml/2 linguri de pudră de cacao (ciocolată neîndulcită).

60 ml/4 linguri de apă clocotită

175 g/6 oz/¾ cană unt sau margarină, la temperatura camerei

175 g/6 oz/¾ cană zahăr brun închis, moale

5 ml/1 linguriță extract de vanilie (concentrat)

3 oua, la temperatura camerei

175 g/6 oz/1½ cani de făină auto-crescătoare

15 ml/1 lingură sirop negru (melasă)

Cremă de unt

Glazura (cofetarie) pentru uscare (optional)

Tapetați strâns baza și părțile laterale ale unei forme de sufleu de 18 x 9 cm/7 x 3½ diametru cu folie de aluminiu (folie de plastic), lăsând-o să atârne puțin peste margine. Se amestecă cacao cu apa clocotită până se omogenizează. Amestecați untul sau margarina, zahărul și picăturile de vanilie până devine spumos. Bateți ouăle pe rând și adăugați 15 ml/1 lingură de făină în fiecare ou. Se amestecă făina rămasă cu siropul negru până se omogenizează. Se întinde uniform în vasul pregătit și se acoperă lejer cu hârtie de bucătărie. Gatiti 6-6½ minute pana cand prajitura a crescut bine si nu mai pare uda deasupra. Nu coaceți prea mult, altfel tortul se va micșora și deveni tare. Se lasa sa stea 5 minute, apoi se scoate prajitura din tava tinand folia de aluminiu (folia de plastic) si se aseaza pe un gratar. Scoateți cu grijă folia de aluminiu și lăsați-o să se răcească. Tăiați tortul pe orizontală în trei straturi și întindeți (cu glazură) împreună cu glazură. Dacă doriți, stropiți partea de sus cu zahăr pudră cernut înainte de a tăia felii.

Prajitura cu moca de ciocolata

8-10

Fă-l ca și prăjitura cu ciocolată, dar aromatizează crema de unt (glazură) cu 15 ml/1 lingură de cafea neagră foarte tare. Pentru o aromă intensă, adăugați în cafeaua lichidă 5 ml/1 linguriță de cafea măcinată.

Prajitura cu strat de ciocolata cu portocale

8-10

Faceți-o ca o prăjitură cu unt de ciocolată, dar adăugați 10 ml/2 lingurițe de coajă de portocală rasă la ingredientele pentru tort.

Prajitura dubla de ciocolata

8-10

Faceți același lucru cu prăjitura cu ciocolată, dar adăugați 100 g/4 oz/1 cană de ciocolată simplă (semidulce) topită și răcită la crema de unt. Lăsați să se întărească înainte de utilizare.

8-10

1 prajitura stratificata cu crema de unt
300 ml/½ buc./1¼ cană smântână dublă (grea).
150 ml/¼ pt/2/3 cană frișcă
45 ml/3 linguri de zahăr pudră (zahăr cofetar), cernut
Orice esență (concentrat), cum ar fi vanilie, trandafir, cafea, lămâie,
portocală, migdale, ratafia
Nuci, chipsuri de ciocolată, drajeuri argintii, petale de flori de cristal
sau fructe glazurate (confiate) pentru decor

Tăiați tortul pe orizontală în trei foi. Se amestecă cremele până se densă. Se amestecă zahărul pudră și se gustă. Întindeți crema pe straturile de tort și decorați blatul după dorință.

8-10

1 prajitura stratificata cu crema de unt

45 ml/3 linguri gem de zmeură fără semințe (rezervat)

martipan (pasta de migdale)

300 ml/½ buc./1¼ cană smântână dublă (grea).

150 ml/¼ pt/2/3 cană frișcă

60 ml/4 linguri zahăr tos (super fin).

Cireșe glacé (bomboane) și crenguțe comestibile de ilfin pentru

garnitură

Tăiați tortul în trei părți și întindeți-l pe un sandviș împreună cu dulceața rotundă de marțipan rulată subțire. Bateți smântâna și zahărul pudră și acoperiți partea de sus și părțile laterale ale prăjiturii. Decorați blatul cu cireșe și ilfin.

Brownie american

Fa 12

50 g/2 oz/½ cană ciocolată simplă (semidulce), ruptă în bucăţi

75 g/3 oz/2/3 cană unt sau margarină

175 g/6 oz/¾ cană zahăr brun închis, moale

2 oua, batute la temperatura camerei

150 g/5 oz/1¼ cani de făină universală

1,5 ml/¼ linguriţă praf de copt

5 ml/1 linguriţă extract de vanilie (concentrat)

30 ml/2 linguri lapte rece

Bol cu inghetata (bomboane) pentru uscare

Ungeţi şi tapetaţi o tavă de 25 x 16 3 5 cm/10 x 6½ 3 2. Topiţi ciocolata şi untul sau margarina complet timp de 2 minute şi amestecaţi până se combină bine. Se amestecă bine zahărul şi ouăle. Cerneţi făina şi praful de copt, apoi amestecaţi uşor picăturile de vanilie şi laptele în amestecul de ciocolată. Se întinde uniform în vasul pregătit şi se acoperă lejer cu hârtie de bucătărie. Coaceţi timp de 7 minute până când prăjitura a crescut bine şi blatul este aromat cu mici găuri de aer sparte. Se lasa sa se raceasca in recipient timp de 10 minute. Tăiaţi-le pătrate, stropiţi deasupra gros cu zahăr pudră şi lăsaţi-le să se răcească complet pe un grătar. Depozitaţi într-un recipient etanş.

Brownie de ciocolată cu nucă

Fa 12

Pregătiți ca pentru brownie-ul american, dar adăugați 90 ml/6 linguri de nuci tocate grosier împreună cu zahărul. Gatiti inca 1 minut.

Triunghiul de fulgi de ovaz

Fă 8

125 g/4 oz/½ cană unt sau margarină
50 g/2 oz/3 linguri de sirop auriu (porumb ușor).
25 ml/1½ linguriță sirop negru (melasă)
100 g/4 oz/½ cană zahăr brun închis, moale
225 g/8 oz/2 căni de fulgi de ovăz

Ungeți bine un vas adânc de 20 cm/8. Topiți untul, melasa, melasa și zahărul descoperit timp de 5 minute. Se amestecă ovăzul și se întinde în bol. Gatiti descoperit timp de 4 minute, intorcand o data. Se lasa 3 minute. Gatiti inca 1 minut si jumatate. Se lasa sa se raceasca la caldura si apoi se taie in opt triunghiuri. Odată ce se răcește, se scoate din recipient și se păstrează într-un recipient ermetic.

Triunghiuri de muesli

Fă 8

Procedați la fel ca și pentru triunghiurile cu caramel de ovăz, dar înlocuiți terciul cu musli neîndulcit.

Queenies de ciocolată

Fa 12

125 g/4 oz/1 cană făină auto-crescătoare
30 ml/2 linguri de pudră de cacao (ciocolată neîndulcită).
50 g/2 oz/¼ cană unt sau margarină, la temperatura camerei
50 g/2 oz/¼ cană zahăr brun moale
1 ou
5 ml/1 linguriță extract de vanilie (concentrat)
30 ml/2 linguri lapte rece
Flormelis (cofetărie) zahăr sau topping de ciocolată pentru decor (opțional)

Cerne împreună făina și cacao. Într-un castron separat, amestecați untul sau margarina și zahărul până când sunt moale și pufoase. Se amestecă oul și picăturile de vanilie, apoi amestecul de făină se amestecă alternativ cu laptele, amestecând rapid fără să bată cu furculița. Împărțiți în 12 cutii de hârtie pentru tort (hartie de zahăr). Așezați câte șase pe tava de sticlă sau plastic, acoperiți ușor cu hârtie de bucătărie și gătiți timp de 2 minute. Se răcește pe un grătar. Dacă doriți, stropiți cu zahăr pudră cernut sau acoperiți cu cremă de ciocolată. Depozitați într-un recipient etanș.

Flaky Chocolate Queenies

Fa 12

Faceți-o ca Chocolate Queenies, dar despărțiți o bucată mică de fulgi de ciocolată și amestecați-o ușor în amestecul de tort după ce adăugați oul și picăturile de vanilie.

Face aproximativ 12 bucăți

O prăjitură destul de densă și o gustare utilă pentru micul dejun cu iaurt și băutură.

100 g/3½ oz/1 cană de cereale All Bran

50 g/2 oz/¼ cană zahăr brun închis, moale

175 g/6 oz cutie de ananas mărunțit

20 ml/4 lingurițe de miere groasă

1 ou, batut

300 ml/½ buc./1¼ cană lapte degresat

150 g/5 oz/1¼ cani de făină integrală de grâu auto-crescătoare (autocongelatoare)

Tapetați strâns baza și părțile laterale ale unei forme de suffle de 18 cm/7 diametru cu folie de aluminiu (folie de plastic), lăsând-o să atârne puțin peste margine. Pune cerealele, zahărul, ananasul și mierea într-un castron. Acoperiți cu o farfurie și reîncălziți la Decongelare timp de 5 minute. Se amestecă rapid restul ingredientelor, fără a bate. Transferați în felul de mâncare pregătit. Acoperiți lejer cu hârtie de bucătărie și coaceți timp de 20 de minute, întorcând tava de patru ori. Se răcește până se încălzește, apoi se transferă pe un grătar și se asigură cu folie. După ce s-a răcit complet, se păstrează într-un recipient ermetic timp de 1 zi înainte de a tăia felii.

Fursec cu ciocolată cu fructe

Faceți 10-12

200 g/7 oz/mică 1 cană ciocolată simplă (semidulce), ruptă în pătrate

225 g/8 oz/1 cană unt nesărat (dulce) (nu margarină)

2 ouă mari, la temperatura bucătăriei, bătute

5 ml/1 linguriță extract de vanilie (concentrat)

75 g/3 oz/¾ cană amestecuri de nuci tocate grosier

75 g/3 oz/¾ cană cubulețe de ananas sau papaya

75 g/3 oz/¾ cană ghimbir cristalizat măcinat

25 ml/1½ linguri de zahăr tos (zahăr cofetar), cernut

15 ml/1 lingură lichior de fructe, cum ar fi Grand Marnier sau
Cointreau

225 g/8 oz biscuiți dulci tradiționali (biscuiți), cum ar fi digestive
(biscuiți graham), tăiați în 8 bucăți fiecare

Acoperiți strâns fundul și părțile laterale ale unui vas cu diametrul de
20 cm sau ale unei tăvi pentru sandwich (tavă) cu folie de folie (folie
de plastic). Topiți fulgii de ciocolată într-un castron mare, descoperit
în cuptorul de dezghețare, timp de 4-5 minute, până când sunt foarte
moi, dar își păstrează în continuare forma inițială. Tăiați untul în
cuburi mari și topiți-l neacoperit timp de 2-3 minute când este
dezghețat. Amestecați bine ciocolata topită cu oul și picăturile de

vanilie. Se amestecă toate celelalte ingrediente și când sunt bine amestecate, se toarnă în forma pregătită și se acoperă cu folie sau folie (folie de plastic). Se da la rece timp de 24 de ore, apoi se ridică cu grijă și se dezlipește folia. Tăiați cubulețe la servire. Dați la frigider între porții, pe măsură ce prăjitura se înmoaie la temperatura camerei.

Tort crocant cu biscuiți Mocha cu fructe

Faceți 10-12

Faceți la fel ca prăjitura cu ciocolată cu fructe, dar topește 20 ml/4 lingurițe de cafea instant praf sau boabe cu ciocolată și înlocuiește lichiorul de cafea cu lichior de fructe.

Tort crocant cu aromă de fructe și biscuiți cu stafide

Faceți 10-12

Faceți-l ca prăjitura cu ciocolată cu fructe, dar înlocuiți 100 g de stafide cu fructe cristalizate și înlocuiți romul închis cu lichior.

Tort crocant cu whisky cu fructe și biscuiți cu portocale

Faceți 10-12

Faceți-l ca prăjitura cu ciocolată cu fructe, dar amestecați coaja rasă fin a unei portocale în ciocolată și unt și înlocuiți whisky-ul cu lichior.

Ciocolata alba, prajitura crocanta fructata

Faceți 10-12

Fă-l ca prăjitura cu ciocolată cu fructe, dar înlocuiește ciocolata albă cu ciocolată neagră.

Cheesecake cu piersici și zmeură în două straturi

Porți 12

Pentru fundație:

100 g/3½ oz/½ cană unt

225 g/8 oz/2 căni de firimituri de biscuit Graham digestive de ciocolată

5 ml/1 linguriță de condimente mixte (plăcintă cu mere).

Pentru stratul de piersici:

60 ml/4 linguri apă rece

30 ml/2 linguri porțelan

500g/1lb 2oz/2¼ cani de brânză de vaci (brânză de vaci obișnuită)

250 g/9 oz/1¼ cani de brânză de vaci sau brânză de vaci

60 ml/4 linguri gem simplu de caise (conserve)

75 g/3 oz/2/3 cană zahăr tos (ultra fin).

3 ouă, separate

Putina sare

Pentru stratul de zmeura:

45 ml/3 linguri apă rece

15 ml/1 lingură porțelan
225 g/8 oz zmeură proaspătă, zdrobită și cernută (mărunțită)
30 ml/2 linguri zahăr tos (superfin).
150 ml/¼ pct/2/3 cană smântână dublă (grea).

A decora:

Zmeura proaspata, capsuni si coacaze

Pentru a face baza, topiți untul descoperit timp de 3 până la 3 minute și jumătate. Se amestecă pesmetul de biscuiți și amestecul de condimente și apoi se întinde uniform pe fundul unei tavi arcuite de 25 cm/10. Dă la frigider timp de 30 de minute până se întărește.

Pentru a face stratul de piersici, puneți într-un bol apa și gelatina și amestecați bine. Se lasa 5 minute pana se inmoaie. La decongelare, dezghețați neacoperit timp de 2½-3 minute. Puneți brânza de vaci, brânza de vaci sau brânza de vaci, dulceața, zahărul și gălbenușul de ou într-un robot de bucătărie și procesați până când ingredientele sunt bine combinate. Răzuiți într-un castron mare, acoperiți cu o farfurie și lăsați-l la frigider până când începe să se îngroașe și să se aseze pe margini. Bate albusurile spuma si sarea pana se taie. Se amestecă o treime din amestecul de brânză și apoi se amestecă restul cu o lingură de metal sau o spatulă. Întindeți uniform pe baza de prăjituri. Acoperiți lejer cu hârtie de bucătărie și dați la frigider pentru cel puțin 1 oră până se întărește.

Pentru a face stratul de zmeura, puneti apa si gelatina intr-un bol si amestecati bine. Se lasa 5 minute pana se inmoaie. Odată dezghețat, dezgheţaţi descoperit timp de 1½-2 minute. Se amestecă cu piureul de zmeură şi zahărul. Acoperiţi cu folie sau folie (folie de plastic) şi daţi la frigider până când începe să se îngroaşe şi să se aseze pe margini. Bateţi smântâna până se înmoaie. Se amestecă o treime din amestecul de fructe până devine spumos, apoi se amestecă restul cu o lingură sau o spatulă de metal. Întindeţi uniform peste amestecul de cheesecake. Acoperiţi lejer şi lăsaţi la frigider câteva ore până când se fixează. Pentru a servi, treceţi un cuţit înmuiat în apă fierbinte pe marginea interioară pentru a slăbi cheesecake-ul. Despachetaţi cutia şi scoateţi pagina. Decoraţi blatul cu fructe. Se taie felii cu un cutit inmuiat in apa fierbinte.

Cheesecake cu unt de arahide

Porți 10

Pentru fundație:

100 g/3½ oz/½ cană unt

225 g firimituri de turtă dulce

Pentru toppinguri:

90 ml/6 linguri apă rece

45 ml/3 linguri porțelan

750 g/1½ lb/3 căni de brânză de vaci (brânză de vaci obișnuită).

4 ouă, separate

5 ml/1 linguriță extract de vanilie (concentrat)

150 g/5 oz/2/3 cană zahăr tos (super fin).

Putina sare

150 ml/¼ pct/2/3 cană smântână dublă (grea).

60 ml/4 linguri unt de arahide simplu la temperatura camerei

Arahide tocate ușor sărate sau obișnuite (opțional)

Pentru a face baza, topiți untul descoperit timp de 3 până la 3 minute și jumătate. Se amestecă pesmetul de biscuiți, se unge fundul unei forme arcuite de 20 cm/8 diametru și se dă la frigider pentru 20-30 de minute până se întărește.

Pentru a pregăti dressingul, puneți într-un bol apa și gelatina și amestecați bine. Se lasa 5 minute sa se inmoaie. Odată dezghețat, dezghețați descoperit timp de 3-3½ minute. Puneți brânza, gălbenușul de ou, extractul de vanilie și zahărul într-un robot de bucătărie și amestecați până la omogenizare. Răzuiți într-un castron mare. Bate albusurile spuma si sarea pana se taie. Bateți smântâna până se înmoaie. Se amestecă albușurile spumă și smântâna cu amestecul de brânză alternativ. La final, se amestecă untul de arahide, se întinde uniform în tava pregătită, se acoperă bine și se dă la frigider pentru cel puțin 12 ore. Pentru a servi, puneți un cuțit înmuiat în apă fierbinte pentru a se slăbi. Desfaceți cutia și scoateți părțile laterale. Se ornează cu alune tocate, dacă se dorește. Se taie felii cu un cutit inmuiat in apa fierbinte.

Cheesecake cu lemon curd

Porți 10

Fă-l ca Cheesecake cu unt de arahide, dar înlocuiește untul de arahide cu lemon curd.

Cheesecake cu ciocolată

Porți 10

Faceți-l ca Cheesecake cu unt de arahide, dar înlocuiți untul de arahide cu ciocolată.

Cheesecake cu fructe Sharon

Porți 10

O rețetă trimisă de o femeie din Noua Zeelandă bazată pe tamarillo cu fructe asemănătoare roșiilor. Nu sunt întotdeauna disponibile, ele reprezintă un înlocuitor admirabil pentru fructele de iarnă ale lui Sharon, sau chiar pentru curmali când sunt foarte coapte.

Pentru fundație:
175 g/6 oz/¾ cană unt
100 g/3½ oz/½ cană zahăr brun moale
225 g/8 oz crumble de biscuiți (tort).

Pentru umplutura:
4 fructe Sharon, tocate
100 g/4 oz/½ cană zahăr brun moale
30 ml/2 linguri porțelan
30 ml/2 linguri apă rece
300 g/10 oz/1¼ cani crema de branza
3 ouă mari, separate
Suc de ½ lămâie

Clătiți bine o tavă cu arc de 25 cm/10 diametru și lăsați-o umedă. Topiți untul sau margarina neacoperite în timpul decongelarii timp de

3-3,5 minute. Se amestecă zahărul și biscuiții și se presează uniform pe fundul formei. Dati la frigider in timp ce pregatiti umplutura.

Pentru a pregăti umplutura, puneți fructele sharon într-un bol și stropiți cu jumătate de zahăr. Punem gelatina intr-un bol si amestecam cu apa, lasam sa se inmoaie 5 minute. Odată dezghețat, dezghețați descoperit timp de 3-3½ minute. Într-un castron separat, bateți brânza până când se înmoaie și spumoasă, apoi amestecați gelatina, gălbenușurile de ou, sucul de lămâie și zahărul rămas. Bate albusurile spuma pana se formeaza varfuri tari. Amestecați amestecul de brânză, alternând cu fructele sharon. Se toarnă peste baza de biscuiți și se dă la frigider peste noapte. Pentru a servi, treceți un cuțit înmuiat în apă fierbinte în jurul părților laterale pentru a se slăbi, apoi eliberați forma și îndepărtați părțile laterale.

Cheesecake cu afine

Porți 10

Procedați la fel ca și în cazul prăjiturii cu brânză cu fructe Sharon, dar înlocuiți fructul Sharon cu 350 g/12 oz afine.

Cheesecake cu lămâie copt

Porți 10

Pentru fundație:

75 g/3 oz/1/3 cană unt, la temperatura camerei

175 g/6 oz/1½ cană firimituri de biscuiți Graham

30 ml/2 linguri zahăr tos (superfin).

Pentru umplutura:

450 g/1 lb/2 căni brânză de vaci cu grăsime medie (brânză de vaci

obișnuită) la temperatura camerei

75 g/3 oz/1/3 cană zahăr tos (ultra fin).

2 oua mari, la temperatura camerei

5 ml/1 linguriță extract de vanilie (concentrat)

15 ml/1 lingură făină de porumb (amidon de porumb)

Coaja rasa fin si zeama de la 1 lamaie

150 ml/¼ pct/2/3 cană smântână dublă (grea).

150 ml/5 oz/2/3 cană smântână (acid lactic).

Pentru a face baza, topiți untul descoperit timp de 2 până la 2 minute și jumătate. Amestecați biscuiții și zahărul. Tapetați fundul și părțile laterale ale unui vas de 20 cm/8 diametru cu folie de aluminiu (folie de plastic), astfel încât să atârne puțin peste margine. Acoperiți fundul și părțile laterale cu amestecul de fursecuri. Gatiti descoperit timp de 2 minute si jumatate.

Pentru umplutură se bate brânza până se înmoaie, apoi se amestecă celelalte ingrediente, mai puțin smântâna. Se toarnă în tava pesmet și se acoperă lejer cu hârtie de bucătărie. Gătiți complet timp de 12 minute, întorcând oala de două ori. Prajitura este gata cand exista ceva miscare in centru si blatul s-a ridicat putin si abia incepe sa crape. Se lasa 5 minute. Scoateți-l din cuptorul cu microunde și întindeți-l ușor cu smântâna care se așează deasupra și se netezește pe măsură ce prăjitura se răcește.

Cheesecake cu lime copt

Porți 10

Pregătește-l la fel ca cheesecake-ul cu lămâie, dar folosește coaja și sucul de la 1 lămâie în loc de lămâie.

Cheesecake coacaze negre la cuptor

Porți 10

Pregătiți-l ca pentru Cheesecake-ul cu lămâie la cuptor, dar când s-a răcit complet, întindeți blatul cu dulceață de coacăze negre de înaltă calitate (conservă) sau umplutură de fructe de coacăze negre.

Cheesecake cu zmeură la cuptor

Porți 10

Faceți-l ca Cheesecake-ul cu lămâie la cuptor, dar înlocuiți făina de porumb (amidon de porumb) cu pudră de alb de zmeură. Decorați blatul cu zmeură proaspătă.

Tort cu roșcove

Porți 8

Faceți ca pentru Victoria Sandwich Cake, dar înlocuiți 25 g/1 oz/¼ cană făină de porumb (amidon de porumb) și 25 g pudră de roșcove cu 50 g făină. Sandviș cu smântână și/sau conserve sau fructe proaspete. Adăugați 5 ml/1 linguriță extract de vanilie (extract) la ingredientele pentru cremă, dacă este necesar.

Tort usor de ciocolata

Porți 8

Se prepară la fel ca și prăjitura de sandviș Victoria, dar înlocuiește 25g de făină de porumb (amidon de porumb) și 25g de pudră de cacao (ciocolată neîndulcită) pentru 50g de făină. Sandviș cu smântână și/sau ciocolată.

Tort cu migdale

Porți 8

Pregătiți ca pentru prăjitura de sandviș Victoria, dar înlocuiți 40g 3 linguri migdale măcinate cu aceeași cantitate de făină. Aromați

ingredientele cremoase cu 2,5-5 ml/½-1 linguriță extract de migdale
(concentrat). Sandwich cu dulceata obisnuita de caise (conserva) si un
strat subtire de martipan (pasta de migdale).

Tort Sandwich Victoria

Porți 8

Fă-l ca Tortul Sandwich Victoria sau o variantă. Sandviș cu smântână
sau cremă de unt (glazură) și/sau gem (rezervă), cremă de ciocolată,
unt de arahide, cheag de portocale sau de lămâie, dulceață de
portocale, umplutură de fructe conservate, miere sau marțipan (pastă
de migdale). Acoperiți partea de sus și părțile laterale cu smântână sau
cremă de unt. Decorați cu fructe proaspete sau păstrate, nuci sau fructe
uscate. Pentru un tort și mai bogat, tăiați fiecare strat copt în jumătate
înainte de a umple pentru a face patru straturi.

Tort pandișpan de ceai de grădiniță

Face 6 felii

75 g/3 oz/2/3 cană zahăr tos (ultra fin).
3 oua, la temperatura camerei
75 g/3 oz/¾ cană făină universală
90ml/6 linguri smântână dublă (grea) sau frișcă, bătută
45 ml/3 linguri gem (piesă de rezervă)
Zahăr pudră (super fin) pentru stropire

Tapetați baza și părțile laterale ale unei forme de sufleu cu diametrul de 18 cm/7 cu folie de aluminiu (folie de plastic), astfel încât să atârne puțin peste margine. Puneți zahărul într-un bol și încălziți, neacoperit, până se dizolvă, 30 de secunde. Adăugați ouăle și bateți până când amestecul devine spumos și se îngroașă până la consistența de frișcă. Tăiați-o cu grijă și ușor, apoi amestecați făina cu o lingură de metal. Nu bateți și nu amestecați. După ce ingredientele sunt bine amestecate, transferați-le în recipientul pregătit. Acoperiți ușor cu hârtie de bucătărie și gătiți timp de 4 minute. Se lasa 10 minute, apoi se transfera pe un gratar si se acopera cu folie de aluminiu. Scoateți folia când s-a răcit. Tăiați-l în jumătate, apoi întindeți-l cu smântână și gem. Inainte de servire, se presara deasupra cu zahar pudra.

www.ingramcontent.com/pod-product-compliance
Lightning Source LLC
Chambersburg PA
CBHW071616030726
47598CB00001B/302